Agustín Bernat

El Precio del Éxito

Agustín Bernat

El Precio del Éxito

¿A cuánto estás renunciando por perseguir el éxito?

JustFiction Edition

Imprint
Any brand names and product names mentioned in this book are subject to trademark, brand or patent protection and are trademarks or registered trademarks of their respective holders. The use of brand names, product names, common names, trade names, product descriptions etc. even without a particular marking in this work is in no way to be construed to mean that such names may be regarded as unrestricted in respect of trademark and brand protection legislation and could thus be used by anyone.

Cover image: www.ingimage.com

Publisher:
JustFiction! Edition
is a trademark of
International Book Market Service Ltd., member of OmniScriptum Publishing Group
17 Meldrum Street, Beau Bassin 71504, Mauritius

Printed at: see last page
ISBN: 978-620-0-10514-1

El éxito tiene su precio. Pero ¿a cuánto estás renunciando por perseguirlo? ¿Estás renunciando a tiempo que luego no podrás comprar? ¿Estás renunciando a tu propia salud, para después no poder disfrutar de tus logros? ¿Renunciaste a tus verdaderos sueños, esos que realmente te motivan y te hacen sentir vivo? ¿Estás relegando a tu pareja, tu familia y seres queridos? ¿En serio estás dispuesto a perderlos?

Este libro viene a cuestionarnos. Viene a cuestionar el concepto social del éxito. A cuestionar ese correr y correr en busca de un lugar que, aun habiendo llegado, puede no ser suficiente. Porque una vez alcanzado el éxito: ¿Qué sigue? ¿Puede el éxito convivir con la felicidad? ¿Podemos ser exitosos felices o felices exitosos, o debemos renunciar a alguno de los dos?

Aquí no encontrarás recetas ni fórmulas mágicas. Es un libro de experiencias y reflexiones que espero que sirvan de disparadores para cambiar aquello que te acerque a la felicidad y la plenitud. Sin teorías, sin tecnicismos. Sólo tratar de entender e interpretar lo que sentimos. Con algunos conceptos te podrás sentir más identificado que otros, la idea es que puedas distinguir aquello que se ajusta a tu vida, para que el éxito no sea un fin vacío y abstracto, sino más bien un medio para cumplir tus sueños y tu propósito en este mundo.

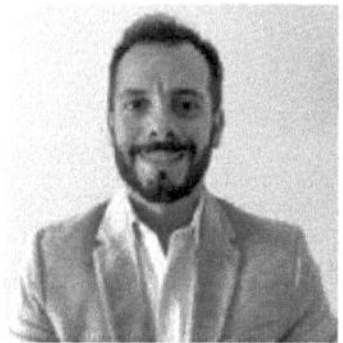

Agustín Bernat nació en San Miguel de Tucumán el 25 de mayo de 1982. Está casado con Florencia Andújar, con quien es padre de Benjamín. Allí, su mayor tesoro.
De niño escribía cuentos y poesías, clara muestra de su pasión por las letras. Luego, diversas situaciones lo inclinaron por las Ciencias Económicas, otra de sus pasiones, y se recibió de Contador Público Nacional en el año 2006.
A sus 20 años se propuso sumar diversas experiencias laborales. A raíz de esta decisión, trabajó en el sector público hasta el año 2008, cuando renunció y salió a la búsqueda de nuevos desafíos. Trabajó en estudios contables con reconocidos colegas, principalmente como Auditor Externo, y luego se volcó a la gestión. Desde el año 2010 se desempeña en el sector privado como líder de equipos de Administración y Finanzas.

Su misión hoy es SER un líder de re invención continua, comprometido con el desarrollo del equipo y de cada uno de sus integrantes, tanto en lo laboral como en lo personal.

El Precio del Éxito es la conjunción de sus pasiones y la posibilidad de ampliar su misión de colaborar con el crecimiento del otro.

* e-mail: agustinbernatb@gmail.com

* Facebook: Agustín Bernat - escritor

* Instagram: Agustín Bernat - escritor (agustinbernatb)

Prólogo

Llegaste. Estás ahí, donde siempre quisiste estar. Lo soñaste, lo planificaste y lo ejecutaste. Seguiste cada paso buscando el éxito y lo conseguiste. Fue tu esfuerzo, tu sacrificio, las cosas que dejaste y aquellas a las que tuviste que renunciar. Tuviste momentos difíciles, recalculaste y seguiste hacia adelante. Siempre, siempre hacia adelante, no había tiempo que perder. Cometiste errores, muchos, pero tenías claro que había que aprender lo más rápido posible. Y quizás, llegaste a ese lugar antes de lo que imaginabas, con toda la satisfacción personal que eso te produce. Con toda la motivación que te genera haber cumplido los objetivos. Siempre pensaste que ese momento era la felicidad misma. Que sería eterna. Y sorprendentemente, no fue tan así. Esa sensación de felicidad y plenitud fue mucho más corta de lo que imaginabas, y se fue depreciando de manera constante. Los días empezaron a perder sentido, algo no te cerraba. Pero seguiste ahí, firme, demostrándole al mundo que eres una persona exitosa, íntegra, que todo lo puede. Casi invencible. No es posible mostrarse débil. ¿Qué imagen le darías a la sociedad? ¿Esa misma sociedad que te aplaude y felicita? Parecería ser que no hay nada para cambiar, si todo lo que fuiste y lo que eres, te llevó al lugar que tienes hoy. Pero… ¿cuál fue el precio de ese éxito? ¿A cuánto renunciaste? ¿Terminaste abandonándote a vos mismo en el camino?

Las páginas de este libro se inspiran en aquellas personas que de tanto correr, correr… y correr, en algún momento perdimos el rumbo, sin saber realmente dónde queríamos llegar y para qué lo queríamos. La mala noticia (que seguramente ya la conocés) es que si llegaste a la ansiada "meta", a veces puede ser peor.

Mi curiosidad comenzó cuando notaba que varias personas cercanas, que tenían "éxito" socialmente hablando, pasaban por una situación personal de colapso (alguna enfermedad fisiológica, ataques de pánico, algún síndrome particular, etc.). Como si todo aquello que habían conseguido a la vista de los demás, no fuera suficiente. Muy entretenido en mi carrera con el mundo, no me detuve demasiado a analizar la situación, y pensé que eran casos aislados sumados a la casualidad.

Luego de mucho esfuerzo y dedicación, llegó ese momento en el cual sentí que estaba donde siempre quise estar, que tenía todo aquello que había soñado tener, y aun así no era suficiente. Algo faltaba, algo no cerraba conmigo mismo. Después de cada día muy estresante y lleno de compromisos para con los demás, llegaban las noches llenas de vacío y carentes de sentido. Pero aun así, no hice demasiado caso y me consolaba pensando que a muchos nos pasaba algo parecido.

Continuando sin escuchar esas voces internas, mi cuerpo comenzó a darme señales de que algo andaba mal. Sí, el cuerpo es sabio. Y empezaron los síntomas de enfermedades que no tenían una explicación cierta. Fue un tiempo de incertidumbre, miedos y preocupación, que les aseguro no se lo deseo a nadie. Tuve que realizarme distintos estudios para ir descartando posibilidades, algo así como prueba y error. Y estoy convencido que esa situación de no conocer el diagnóstico de manera cierta, es de lo más angustiante que me tocó vivir. Porque va pasando el tiempo, y la mente nos juega en contra. Además, no es posible realizar ninguna acción concreta sin tener un panorama cierto de la situación. Y por supuesto eso te va desgastando, física y sobre todo emocionalmente.

Cuando llegó el diagnóstico, que afortunadamente no era nada grave, no terminó siendo lo más importante, sino sus causas. Porque no podemos vivir combatiendo los síntomas. Hay que ir al fondo de la cuestión. Y ahí pude darme cuenta que algo tenía que hacer. Que había decisiones que tomar. Que había cambios que emprender. Que tenía que sincerarme conmigo mismo. Que hasta tenía que reconocerme. Y así, en la medida en que iba gestionando todo eso que me pasaba, los dolores también fueron disminuyendo. Desde ese momento, decidí transitar otro camino, no tan trazado ni tan rígido, con menos cáscaras y más de mi propia esencia. Donde el "éxito", el tan venerado resultado, definitivamente no es lo más importante.

Porque el Éxito tiene su precio. Y a veces no somos conscientes de aquello a lo que estamos renunciando por perseguirlo. Tu tiempo, tu salud, tu familia, tus seres queridos; luego no los vas a poder comprar. Hay momentos que no van a volver, no importa que tan alto llegues. Porque a veces el éxito no son tus sueños, sino los sueños de otros. Y en esos mandatos sociales seguramente te perdiste a vos mismo. Porque el *para qué* del éxito también importa, más allá de las comodidades y del estatus que puede darte. Quizás ya llegaste ahí, y te diste cuenta. Quizás estás en la búsqueda. Quizás nunca te cuestionaste nada de esto. Si estás leyendo estas páginas, seguramente hay algo que te hace ruido. Hay algo que no te cierra. Y no es necesario seguir hasta que no puedas más. No es necesario seguir hasta que las consecuencias sean irreversibles. O en el peor de los casos, hasta que la vida se te pase. Es momento de sincerarte. Es momento de SER quien eres. Sólo así, podrás desplegar todo tu potencial. Sólo así, podrás sentirte plenamente feliz y en paz contigo mismo.

El éxito será felicidad, en la medida en que puedas SER FELIZ sin tenerlo.

ÍNDICE

El éxito para mí

Para comenzar a hablar del éxito, pensé que tendría que definirlo de alguna forma. El diccionario de la Real Academia Española tiene sus acepciones[1], pero creo que ninguna de ellas le otorga el valor que le damos en nuestra cultura. Así que, luego de pensamientos y reflexiones, llegué a la conclusión de que el éxito en sí es subjetivo, y esto porque considero que va de la mano de la expectativa de cada persona. Entonces, más que definirlo, me atrevería a preguntar: ¿qué es el éxito para vos? Cuando definiste tus propios objetivos, ¿fue a partir de tu expectativa o la de otras personas? ¿Realmente considerás que tenés éxito o son logros en función de un aspecto o mandato social?

No pretendo convertirme con este libro, en un teórico del éxito y la felicidad, pero mi experiencia me propuso vivir y transitar el éxito como un medio y no como un fin en sí mismo. El éxito debería ser, en todo caso, el camino para una mejor calidad de vida, para nosotros y para nuestros seres queridos; un medio para transmitir con el ejemplo, para inspirar a otras personas a conseguir su propio éxito.

Si tuviera que clasificar el éxito en función de su origen, me surge que el mismo puede ser *personal* o *social*:

· Le llamo *éxito personal* al que se da cuando llegamos a ese lugar en el que siempre quisimos estar. Eso que planificamos y cumplimos. Algunos necesitan más esfuerzo y persistencia que otros; dependerá del objetivo, de las condiciones, del contexto, etc. Pero para que sea realmente éxito, debe ser genuino. Debe responder a la vocación propia, como los objetivos que nacen de lo más profundo de nuestro interior.

Desde mi infancia tuve fascinación por la escritura. Siempre sentí que las palabras tienen la increíble posibilidad de llegar mucho más allá de su significado en el diccionario. Pueden expresar aquello que llevamos en el alma. Pueden transmitir lo que corre por nuestros sentidos. Pueden llegar a lo más profundo de nuestro ser y el de los demás. Y así, empecé a escribir de muy pequeño poesías, cuentos y narraciones varias. Recuerdo lo feliz que era sentado en el piso, escribiendo sobre la cama, jugando y creando con las palabras. Por supuesto, deseaba algún día ser reconocido como escritor, como tantos maestros. Y hoy estoy aquí, escribiendo este libro, que si bien seguramente estoy muy lejos de aquellos maestros, me devolvió esa felicidad que sentí en mi infancia.

· El *éxito social*, en cambio, se alcanza cuando llegamos al lugar en el que a los demás les gustaría estar, o el lugar que los demás quieren para nosotros. Encuentro notoria la diferencia cuando el éxito no es auténtico: nada más frustrante que no ser feliz con lo que hacemos. Podemos recibir las felicitaciones y hasta la envidia de los otros, pero de nada sirve porque internamente se nos produce una sensación de vacío imposible de llenar, ni siquiera con todo el estatus o poder al que tengamos acceso. Por eso es importante la sinceridad con uno mismo.

El éxito social puede ser una consecuencia derivada del éxito personal, pero no viceversa.

Todos tenemos capacidades y un gran potencial a explorar. Algunos logran descubrir y trabajar sus talentos y llegan más lejos. Pero también es cierto que muchas veces nacemos ya con expectativas muy fuertes de nuestros padres y/o del entorno. Y parecería ser que nuestro destino está marcado de antemano. La psicología llama a esto 'mandatos parentales'. Mi intuición es que, en la medida en que los padres tengan más cuestiones personales y propias resueltas, menos complejidades y expectativas van a transmitir a sus hijos. Somos únicos y tenemos nuestros propios sueños. A veces los padres trasladan los sueños que no cumplieron a sus hijos, condicionando su camino a seguir. O pretenden que cumplan los mismos que ellos cumplieron. No es propósito de este libro ahondar en este tema, pero conozco varios casos de personas que cumplieron los sueños de sus padres, que son "exitosos" para los demás, pero ellos no lo viven como su éxito, porque el objetivo no era de ellos, sino de otras personas.

No podemos cuestionar los sueños ni los objetivos de nadie, porque tienen que ver con la historia, el esfuerzo y el sacrificio personal. Sólo cada uno de nosotros conoce lo que le costó llegar al lugar en el que está, conoce cada piedra de su propio camino, los lugares donde ha tropezado y tropieza. Así que en este libro me propongo ayudar a otros a reflexionar sobre su situación, pero también a mantener y disfrutar del éxito que alcancen.

Para finalizar este capítulo, quisiera hacer un comentario sobre una situación que se repite a menudo y que, erróneamente, asociamos con el éxito: creer que el ámbito del trabajo es el único que hace al éxito, que funciona sólo y en un ecosistema vacío. Cuando esto sucede, los otros ámbitos y aspectos de la vida "des-ocupan" un lugar fundamental, que es el de mantenernos en equilibrio. Les comparto un fragmento de un discurso de Bryan Dyson, ex-presidente de Coca-Cola, que considero que lo dice todo y claramente al respecto:

"Imagina la vida como un juego en el que estás malabareando cinco pelotas en el aire. Estas son: tu trabajo, tu familia, tu salud, tus amigos y tu vida espiritual, y tú mantienes todas éstas en el aire.

Pronto te darás cuenta de que el trabajo es como una pelota de goma. Si la dejas caer, rebotará y regresará. Pero las otras cuatro pelotas (familia, salud, amigos y espíritu) son frágiles, como de cristal. Si dejas caer una de estas, irrevocablemente saldrá astillada, marcada, mellada, dañada e incluso rota. Nunca volverá a ser lo mismo.

Debes entender esto: apreciar y esforzarte por conseguir y cuidar lo más valioso. Trabaja eficientemente en el horario regular de oficina y deja el trabajo a tiempo. Dale el tiempo requerido a tu familia y a tus amigos. Haz ejercicio, come y descansa adecuadamente. Y sobre todo... crece en vida interior, en lo espiritual, que es lo más trascendental, porque es eterno".

A veces estamos tan compenetrados en nuestra actividad, que nos olvidamos casi completamente de las otras cuatro pelotas. Nunca tenemos tiempo, siempre estamos cansados. Nos llevamos los problemas a todas partes, convivimos constantemente con las presiones y el estrés. Perdemos la capacidad de asombro, de percibir y disfrutar lo profundo de las cosas simples de la vida.

Se me ocurren algunas tareas que quisiera proponer para cerrar este capítulo:

1. Reflexionar sobre las cuatro pelotas (familia, salud, amigos y vida espiritual) y qué importancia les estamos dando a cada una en particular. ¿Están en el aire o hay alguna que dejamos caer?
2. Hacer una lista con cada una de ellas, asignándoles objetivos, acciones concretas y plazos para lograrlos.

Algunas recomendaciones al respecto: Escribir es muy importante para fijar lo que queremos cambiar, porque así nuestro cerebro nos va a ayudar a cumplir el objetivo. Es increíble como luego esas declaraciones se transforman en acciones, que repercuten positivamente en los demás ámbitos de la vida. Es muy importante asignarle un plazo a esas acciones, para luego hacer un seguimiento.

[1] Del lat. exĭtus 'salida'. 1.m. Resultado feliz de un negocio, actuación, etc. 2.m. Buena aceptación que tiene alguien o algo. 3.m.p. us. Fin o terminación de un negocio o asunto.

Los sueños que perseguimos

"Procura que el niño que fuiste no se avergüence nunca del adulto que eres".
ANTOINE DE SAINT-EXUPERY

¿Cuál fue nuestro último sueño cumplido? ¿Cuándo sucedió? ¿Qué sueños tenemos pendientes? ¿Nos hemos resignado a que nunca los cumpliremos? No solemos hacernos estas preguntas, pero tal vez si las hiciéramos descubriríamos cuán poco estamos haciendo para alcanzar nuestros sueños.

La vida se vive en los sueños que perseguimos. Y digo "perseguimos" y no "conseguimos" o "cumplimos", porque claramente el resultado no es lo más importante. Si bien cumplirlos provoca una gran satisfacción, lo más importante es el camino que recorremos, el esfuerzo que les dedicamos, las noches que los soñamos. Por eso se disfrutan mucho más aquellos sueños que nos exigen mayor empeño. En el fútbol, por ejemplo, ¿acaso no se disfruta más ganar en el último minuto tras dar vuelta un resultado adverso?

Durante la infancia tenemos una gran capacidad para soñar que nos coloca ante un escenario prometedor: creemos que todo es posible. A medida que crecemos, absorbemos experiencias y simbologías complejas que limitan ese futuro y los sueños pasan a ocupar el laberíntico espacio de las postergaciones y el olvido. Perdidos en ese laberinto, llenamos nuestro tiempo haciendo un montón de cosas que no incluyen nuestros anhelos, y probablemente no percibamos qué es lo que nos está faltando. Tan lejos fueron a parar nuestros sueños. Y sin embargo, alcanza con avivar un poco las cenizas para recuperar el fuego sagrado de las ilusiones más antiguas.

La siguiente frase fue muy movilizante para mí: "Cuando pienses que ya conseguiste todo, sin dudas es hora de cumplir tus sueños". Alcanzar el éxito tiene sus consecuencias, y una es hacernos creer que lo hemos conseguido todo. Y cuando llegamos ahí, nos empeñamos en tener más de lo mismo, pero más grande: una casa más grande, un auto más lujoso, la casa de fin de semana, el posgrado del posgrado. Más de lo mismo. Como eso ya no es lo que necesitamos, alcanzarlos no nos hace sentir más plenos. Ese es justo el momento para pensar en los sueños que fuimos relegando.

Como dije anteriormente, uno de mis grandes sueños era escribir, y finalmente me animé a hacerlo. Y eso para mí, ya fue cumplirlo. Mi resultado positivo será poder ayudar, aunque más no sea a una sola persona, a encontrar mejor sus respuestas, su camino. Lo demás será consecuencia de otras variables, que las disfrutaré por supuesto si así se dan, pero que hoy no me desvelan y no quiero que condicionen ninguna de mis palabras.

No todos los sueños son igual de complejos, pero debemos animarnos a perseguirlos a todos y tratar de cumplir la mayor cantidad posible de ellos. A veces pensamos que los sueños son sólo aquellos grandes, bien lejanos y complicados, y no ponemos atención a los más pequeños, que están al alcance de nuestra mano. Los siguientes son ejemplos de lo que me pasó a mí:

Después de viajar tres veces a Buenos Aires, me propuse al fin conocer la mítica "Bombonera". Mi abuelo y mi padre me hicieron hincha de Boca Juniors cuando era un niño, así que visitar su cancha era un sueño largo, y aunque había tenido la posibilidad varias veces antes, cuando llegaba a Buenos Aires me parecía tan fácil de realizar que lo sacaba de mi agenda en pos de objetivos más grandilocuentes. La prueba de que para nuestra felicidad no hay sueños 'grandes' o 'pequeños' está en mi intraducible emoción cuando me iba acercando al estadio, cuando entré y recorrí sus pasillos, cuando me senté un rato largo en el vestuario, cuando pisé su césped.

Otra situación para mencionar es que, en mi cabeza, unas vacaciones perfectas con mi esposa incluían leer algún libro, ver el amanecer y correr en la arena. Cosas simples. Tan simples que cuando llegaba a la playa sólo pensaba en grandes excursiones y en actividades que me sorprendan. Así que volvía con los libros intactos, y la breve felicidad que alcanzaba se opacaba pronto por la sensación de no haber hecho todo lo que había deseado hacer. Cuando finalmente cumplí el deseo de leer, por ejemplo, sentí haber disfrutado lo que las grandes hazañas no me habían dado en viajes anteriores.

Todos los sueños, sencillos o complejos, se disfrutan en igual medida; sólo necesitamos la decisión de llevarlos a cabo y la predisposición para disfrutarlos al máximo.

No existen sueños grandes ni pequeños.
Los sueños están para cumplirlos.

Lo que piensen los demás de nuestros sueños no cuenta, porque cuando dicen que no es posible hacer lo que imaginamos, en realidad están hablando de ellos, de sus propias limitaciones, y no de las nuestras. Para mí los sueños pertenecen a nuestra voz interior, a nuestro propósito en este mundo, y nadie nos puede quitar eso. Es común que los sueños de unos sean locuras para otros, y hasta tal vez sean locuras en serio, pero también la ciencia ha producido grandes avances por esas 'ideas irracionales' de unos pocos. Muchos de los grandes personajes de la historia de la humanidad fueron considerados locos por sus contemporáneos, y afortunadamente no hicieron caso a los demás. No en vano Mark Twain decía: "Un hombre con una idea nueva es un loco hasta que la idea triunfa".

Podemos escuchar todos los consejos y sugerencias, y sin duda algo vamos a aprender, pero sólo debemos tomar lo que en verdad nos sirva, y no vivir pendientes de la opinión de los demás ni permitir que nos 'maten' un sueño.

Hay quienes dicen que es mejor no contar nuestros sueños o proyectos, porque la envidia puede ser fuerte y no sabemos de lo que son capaces los demás para arruinarlos. Pero no tenemos que sentir miedo de declarar nuestros sueños, aunque seguramente es preferible hacerlo con quienes nos inspiren más confianza; la intención no es presumir con algo que todavía no hemos logrado. Pero declarar nuestros sueños tiene un gran poder: primero, es un compromiso con nosotros mismos, y no queremos fallarnos. Pero además, si ese compromiso personal pasara por alguna etapa de dudas, haberlo contado también lo convierte en un compromiso con los demás, y de ahí vamos a recibir el empuje para avanzar.

En mi experiencia personal, en algún momento comencé a contar a mis afectos que tenía pensado escribir un libro. Más allá de la sorpresa que les producía que un contador escribiera sobre un tema no relacionado con números, todos me dieron su apoyo, y eso me llenó de energía. En el proceso, si me encontraba con alguno de los que conocían mi proyecto, me preguntaban por el avance del libro. Así, cuando las circunstancias cotidianas me alejaban del hábito de escribir, ese cuestionamiento bien intencionado me ayudaba a descubrir que estaba perdiendo el foco y a retomar el camino. No quería desilusionarme a mí mismo ni tampoco a los demás. Por eso creo que no está de más compartir nuestros sueños; si estamos realmente convencidos, no habrá fuerza que pueda detenernos.

En los momentos en que surgen las dudas –que pueden ser muchos–, no hay que pensar tanto en por qué deberíamos hacerlo. Con esto no digo que no es importante analizar las variables y la viabilidad de lo que hacemos, pero también ahí vamos a encontrar excusas para retirarnos. Hay preguntas que pueden ayudarnos, como por ejemplo: ¿por qué NO hacerlo? ¿Qué es lo más grave que podría pasar si fracasara? ¿Me voy a arrepentir más de hacerlo o de no hacerlo? Es importante analizar los distintos escenarios y las acciones alternativas para cada uno de ellos, pero sin que el miedo nos paralice, porque es frecuente sobrevalorar las consecuencias negativas.

Las tareas que se me ocurren para este cierre de capítulo son:

1. Escribir los tres sueños más importantes por cumplir. Enumerar para cada uno las acciones concretas a seguir. Poner un plazo para cumplir cada acción. Los sueños sin acciones concretas ni plazos quedan en la nada.
2. Pensar en tres sueños sencillos para los próximos meses y planificarlos. Una vez realizados, escribir qué sentiste al concretarlos.

¿Para qué hago lo que hago?

Todos los días nos despertamos, cumplimos una rutina y enfrentamos al mundo. En esa repetición (a veces incluso cronometrada), la sociedad y el sistema “nos llevan puestos” sin que nos demos cuenta, hasta que en algún momento terminamos funcionando en piloto automático. Llegados a esta instancia, es bastante probable que hayamos perdido algo de nosotros mismos. Y si los engranajes de ese reloj perfecto nos llevaron a obtener el éxito, es casi seguro que no nos preguntemos por el propósito que perseguimos con las cosas que hacemos, ni que sepamos qué nos moviliza a levantarnos cada mañana. Pero es bastante probable que en mantener el nivel de vida de nuestras familias, adquirir una casa grande o un auto lujoso, competir con nuestros pares o tal vez alimentar nuestro ego, se encuentren entre esas razones. Es bastante lógico, también, que en algún momento lleguemos a sentir que no hemos alcanzado la plenitud con ninguno de esos logros; y no porque sean poca cosa, porque lógicamente cuesta esfuerzo cada una, sino por la calidad del logro en sí: tienen mucha sustancia, pero poca esencia.

En un curso de coaching orientado al liderazgo nos hicieron preguntarnos “¿para qué hago lo que hago?” y no pude responderme. No pude explicar el verdadero y profundo sentido con el que emprendía el desafío diario.

Mis experiencias laborales y profesionales son varias y bien diversas, pero todas me dejaron algún aprendizaje. He llegado a comprender que los cambios de trabajo que hice obedecían a un mismo patrón: me sentía desorientado y estaba en la búsqueda de mi “para qué”. Finalmente, comprendí mi búsqueda y la podría expresar de la siguiente manera: *Siendo líder de un equipo, más allá de las presiones, los objetivos y los resultados (que por supuesto son importantes), mi intención es colaborar con el crecimiento del otro, tanto en lo laboral como en lo personal. Soy un convencido de que un crecimiento en lo laboral que sea sustentable requiere previamente un crecimiento personal. Van de la mano. Asimismo, considero importante generar y construir un clima de convivencia sano, con buenos tratos, con diálogo, y sobre todo defendiendo principios y valores con el ejemplo. Como sociedad, y en el ámbito en el cual participamos, podemos hacer que el trabajo sea un mejor lugar para compartir, aun cuando pensemos distinto.*

Para mí, como sociedad (y sobre todo la argentina) nos debemos más tolerancia y el buen trato hacia el otro, sin que ello se encuentre condicionado a la igualdad de pensamientos y mucho menos de clases sociales. Creo que cada uno, desde el espacio que ocupa e influye, puede contribuir con el ejemplo (el mejor maestro que vamos encontrar) para hacer de este mundo un mejor lugar para vivir y compartir.

En cuanto a mi propia vivencia, con el tiempo y las experiencias que pasé (las positivas y sobre todo las negativas), pude darme cuenta de que lo que más me apasiona profesionalmente es gestionar personas, liderar equipos, acompañarlos y facilitar su desarrollo y crecimiento. Tan lejos estaba mi ‘para qué’ del trabajo de contador técnico de oficina. Pero soy consciente de algo: sólo pude encontrar mi propósito porque lo busqué incansablemente, tomando a veces decisiones que fueron difíciles en su momento.

Aplicado el ‘para qué’ al éxito, lo primero que podemos señalar es que lo más importante no es conseguirlo (que no significa que no cueste), sino sostenerlo y reinventarlo. Y eso requiere un propósito. Si el propósito es firme, entonces podremos adaptarnos a diferentes circunstancias porque tenemos un norte definido, sabremos lo que realmente nos moviliza y da sentido a nuestros pasos todos los días. Y cuando tengamos dudas ante una decisión a tomar, en esos ‘para qué’ vamos a encontrar las respuestas. En nuestra propia esencia.

En este mundo de hacer, hacer y seguir haciendo; donde la inercia nos lleva sin que la cuestionemos, les propongo tomarnos ese tiempo para reflexionar el ‘para qué’ de cada uno. Porque a veces simplemente nos conformamos con el lugar en el que estamos, por razones justificadas y excusadas, pero no nos sentimos plenos. Ese malestar seguramente se deba a que no estamos cumpliendo con nuestro propósito. Vale la pena descubrirlo y luchar por nuestra esencia.

Soy de los que piensan que todos tenemos al menos un talento a desarrollar, como así también al menos un propósito importante en este mundo. Si bien las circunstancias nos van llevando a ocupar distintos lugares en los ámbitos en que nos desenvolvemos, tenemos que animarnos a buscar nuestro ‘para qué’, porque si lo complementamos con nuestros talentos, el éxito está asegurado.

Las tareas de este cierre de capítulo se tratan justamente de:

1. Pensar y escribir los propósitos que tienes. Se los puede separar por ámbitos o roles (profesional, familiar, pareja, deportivo, etc.)
2. Escribir secuencialmente la rutina diaria. Al lado de cada actividad, identificar el ‘para qué’ de cada acción.
3. Relacionar los propósitos con las acciones y responder: a) ¿estoy haciendo acciones para lograr mis propósitos?; b) mis acciones de hoy, ¿me acercan o alejan de mis propósitos?; c) ¿qué cambios realizaría en mi rutina y en qué plazo?

La humildad de los orígenes

En este proceso, podemos olvidar no sólo hacia dónde vamos. Cuando luego de mucho esfuerzo y constancia (y, como siempre digo, con la cuota de suerte necesaria), llegamos al lugar que tanto buscamos, puede suceder que nos olvidemos de dónde venimos, de nuestros orígenes. El éxito provoca distintas reacciones en las personas, y así como algunas siguen siendo las mismas, otras "se suben al caballo" y pierden su esencia.

Seguramente coincidimos en que la humildad es un valor muy importante, pero ponerlo en práctica no es tan fácil como versa la teoría, y es frecuente encontrar personas que alcanzan el éxito pero pierden la humildad en el camino.

En una capacitación de Liderazgo, un profesor español abordó este tema. Él lo planteaba como un gran valor para ejercer el liderazgo, propio y ante los demás, y nos explicó que él procuraba mantenerlo recordando sus primeros trabajos. Aunque ya había llegado a ocupar el puesto de Gerente de Recursos Humanos en una importante multinacional, siempre recordaba sus principios como botones en un hotel de España, los tratos que recibía, la poca atención que le prestaban, lo que pensaba de sus superiores y de los clientes; lo importante que podía ser si lo escuchaban. Todo eso le ponía los pies sobre la tierra, lo conectaba con sus comienzos, con todo lo que le hubiese gustado que sean con él mismo. De esa manera, aún con el éxito que había alcanzado, mantenía la humildad necesaria para no perder su esencia.

De eso se trata: de no perder la esencia, de saber que no hay personas superiores a otras, y que cada una cumple un rol en el sistema que conformamos. Seguramente, el lugar que ocupamos tiene relación con el contexto individual, con las decisiones que hemos tomado, con las oportunidades que se nos han presentado, pero esas diferencias no pueden ignorar nuestro común rasgo de humanidad. Alcanzar un puesto de responsabilidad dentro de una empresa, por ejemplo, nos otorga indefectiblemente más poder, pero para tomar decisiones, no para oprimir ni someter a quienes están más abajo en la escala de jerarquía.

Para mantener la humildad, es imprescindible reconocer que no sabemos todo, que siempre hay algo por aprender, y que siempre hay alguien que nos puede enseñar. Y no tiene que ser necesariamente un colega o alguien de "jerarquía superior", a veces aprendemos del que menos esperamos. Sólo hay que estar predispuestos al aprendizaje.

La humildad es la llave del crecimiento, es la puerta de entrada para ser una mejor persona cada día. Se resume en actuar frente al otro de la manera que nos gustaría ser tratados. Asimismo, es uno de los grandes valores para mantener el éxito. Los demás perciben con tus actitudes si seguís siendo el mismo. Siempre recomiendo que en los momentos de mayor salto o crecimiento, tenemos que estar más enfocados en mantener nuestra esencia. En nuestros actos, en lo que consumimos, en el trato con los demás, en nuestros comentarios, hasta en nuestros gestos. Se trata de un ejercicio diario, y no tiene nada que ver con los resultados que consigamos en nuestra actividad. Cuando perdemos la humildad, nos perdemos a nosotros mismos, nos convertimos en alguien que no somos. Y cuanto mejores resultados peor. Porque al principio serán la recompensa. Luego no alcanzarán para satisfacerte. Porque nada puede pagar que dejes de ser vos mismo.

Quien no recuerda de donde viene,
no puede saber adonde va.

El cuerpo es el límite

La mente tiene grandes capacidades, tanto para nuestro bien como para nuestro perjuicio. La fuerza de voluntad nace ahí y nos permite proyectarnos, hasta incluso puede hacernos sentir omnipotentes. Pero nuestro cuerpo tiene límites diferentes, físicos, visibles y palpables. No le cabe el todopoderoso de los superhéroes de historieta. "El cuerpo es el límite", me dijo mi terapeuta y me hizo mucho sentido. El cuerpo es lo que nos hace mortales.

Por eso, deberíamos poner nuestra salud en primer lugar. Suena obvio, pero también en este tema abundamos más en teoría que en práctica. Ponemos foco en un sinfín de cosas: la familia, los amigos, el trabajo, el desarrollo profesional, los eventos, los compromisos, el deporte, el entretenimiento, pero la salud suele quedar relegada al último casillero (si es que nos acordamos de ella), y sólo la tenemos en cuenta cuando los síntomas son muy evidentes. Mientras tanto, tiramos de la cuerda lo máximo posible… y un poco más también.

Mi experiencia con la salud incluye unas vacaciones de *all inclusive*. Unos meses antes de viajar, comencé con fuertes dolores de estómago, especialmente después de las comidas. Aunque el malestar persistía y hasta empeoraba, pensé que con unos días de comida liviana sería suficiente. Pero no lo fue y, tras resistirme bastante, fui al médico. A pesar de todos los estudios que me hicieron, no tuve un diagnóstico concluyente y la ansiedad, angustia y preocupación se adueñaron de mí.

Finalmente, llegó el momento de viajar y disfrutar de las dos semanas felices por las que me había esforzado todo el año, pero los síntomas me impidieron disfrutar de "los lujos" por los que había pagado, a lo que se sumó la preocupación que tenía y que me robó los momentos felices que iba buscando. Así, no pude darme ninguno de los gustos que tenía pensado, y sólo pude consumir lo que me había indicado el doctor junto a los medicamentos. Con esta experiencia empecé a comprender que aquello que es realmente importante no se puede comprar. Comprendí que no hay éxito sin salud, ni se puede disfrutar de los logros. No hay rodeos para eso. Los temores y fantasmas que se despertaron con la enfermedad me pararon frente a un camino nuevo, en el que debía trabajar por alcanzar y mantener un equilibrio en la energía que disponía para cada actividad, en el que tenía que incorporar hábitos más sanos.

Muchas veces el éxito lo conseguimos con tanto sacrificio que nos olvidamos de nuestra salud. Forzamos nuestra mente y nuestro cuerpo en pos de cumplir los objetivos. Lo que no sabemos es regular ese esfuerzo. Por supuesto que vale todo lo que damos para cumplir ese sueño. El tema es cuando no sabemos parar a tiempo. Al éxito también hay que disfrutarlo durante el camino. Y para disfrutarlo es imprescindible que estés sano. ¿Sino de qué sirve tanto sacrificio? ¿Sólo para llegar, sin importar nada más? ¿Y después?

Cuando hablo de salud, me refiero a la salud mental, física y espiritual. Es una combinación, un complemento, un equilibrio. A veces, nos ocupamos en demasía de algunos de estos aspectos, relegando o sin siquiera registrar a los demás. Como siempre, el equilibrio hace la diferencia.

Estas recomendaciones para atender nuestra salud física no son nuevas, pero vale la pena recordarlas: mantener una alimentación saludable (que incluya muchas frutas y verduras); hacer actividad física regular (2 o 3 veces por semana); descansar adecuadamente; no fumar; hacerse controles periódicos y gestionar los síntomas del propio cuerpo.

En cuanto a la salud mental y espiritual, podemos considerar: mejorar y alimentar las relaciones interpersonales positivas; mantenerse alejado de personas y situaciones tóxicas; saber decir que no a ciertos compromisos (como digo a veces, hay que dejar pasar algunos trenes); practicar un hobby; hacer algún tipo de terapia. A esta lista me atrevo a añadir algunas prácticas que me han contribuido positivamente, pero que son personales: practicar meditación, vivir el presente; descubrir el coaching.

Cuando falla el equilibrio entre cuerpo, mente y alma, nuestro cuerpo manifiesta esa falta a través de síntomas. Escucharlo a tiempo y hacer los cambios necesarios, nos proporciona un gran aprendizaje sin consecuencias irremediables. Si, por lo contrario, hacemos oídos sordos a los síntomas, éstos serán cada vez más profundos y los daños, más difíciles de revertir.

Todos hemos escuchado alguna vez de qué vale cuidarse tanto si no sabemos si vamos a estar mañana; lo mismo que aquellas comparaciones entre personas que nunca se cuidaron y llegaron a vivir más años que otros que llevaban una vida más saludable. Pero no todos somos iguales, ni tenemos el mismo organismo, y en definitiva no se trata de una carrera por ver quién vive más, sino de vivir mejor. No se trata de cantidad, sino de calidad.

"Pierden la salud para ganar dinero, después pierden el dinero para recuperar la salud. Por pensar ansiosamente en el futuro no disfrutan el presente, por lo que no viven ni el presente ni el futuro. Viven como si no tuviesen que morir nunca y mueren como si nunca hubiesen vivido".

Dalai Lama

No somos superhéroes

Un superhéroe es alguien que posee poderes no convencionales con los que puede resolver todos los problemas. Un superhéroe disuelve crisis por doquier, propias y ajenas (aunque especialmente estas últimas), y nos produce la ilusión de que los costados oscuros del mundo, tal como lo conocemos, pueden cambiar para mejor. Pero claro, en la mitología y en la ficción todo eso es posible; construir superhéroes con palabras e imágenes no conlleva un riesgo similar al de querer ser superhéroes en la vida real. Sin embargo, ¿cuántas veces nos hemos encontrado actuando por los otros, ocupando sus lugares para resolverles una situación complicada?

Puede parecer ridículo decirlo, pero no somos superhéroes, no podemos resolverlo todo en este mundo ni hacer por los otros lo que les corresponde hacer a ellos mismos. Incluso si queremos influir positivamente en sus vidas, no debemos hacerlo. Que nos hayamos realizado en algún aspecto de nuestras vidas, no significa que tengamos capacidades extraordinarias o sobrenaturales; seguimos siendo humildes mortales.

Todos tenemos un camino transitado de desafíos personales, únicos, dirigidos a nosotros mismos, en el que debemos aprender nuestras propias lecciones. Podemos aconsejar, ayudar, apoyar, acompañar, pero no somos la solución de los otros, y nos corresponde ser sinceros con nosotros mismos respecto al verdadero alcance de nuestras acciones. La sobreprotección anula el crecimiento de aquellos a quienes queremos ayudar. Debemos permitirles encontrar sus respuestas, vivir sus experiencias, y crecer día a día. Ayudarlas es también dejarles su espacio para analizar alternativas, decidir y poder equivocarse, aprendiendo y haciéndose cargo de los errores.

Reconocer ante nosotros mismos y ante los demás que no podemos con todo, produce un gran alivio. A veces, por la fuerza de la costumbre que nos hemos encargado de construir, nuestro entorno nos sobrevalora y nos convierten en depositarios de unas expectativas que resultan ser piedras en la mochila. Declarar que somos seres limitados puede incluso causarles sorpresa, pero con el paso del tiempo y en la medida en que nos mantenemos firmes en nuestra decisión y actuamos conforme a ella, más simple será para ellos comprendernos. El mundo de los afectos es muy importante en este descubrimiento, por eso es fundamental que seamos sinceros, claros y auténticos con ellos.

Por contradictorio que parezca, mostrar nuestras debilidades no nos hace frágiles sino que nos fortalece. Incluso puede suceder que necesitemos ayuda profesional para hacer más claro nuestro camino y poder avanzar. En mi caso, había jurado repetidas veces que nunca me haría masajes ni me sometería a hacer terapia. La verdad no sé por qué tenía esas negaciones, son esas cosas que un día declarás y luego sos rehén de esas palabras. En uno de mis momentos más críticos, experimenté dolores en el cuello que se fueron propagando por la columna y los brazos hasta que me costó levantarme de la cama. Entonces mi esposa se ofreció a pedirme un turno con su masajista, pero me negué rotundamente. Había jurado que nunca lo haría. Los dolores aumentaban, y cuando ya era insostenible la promesa, al fin reconocí que necesitaba la ayuda que me habían ofrecido. En la primera sesión, fue evidente que la contractura llegaba hasta las manos. No voy a negar los dolores que sentí, pero fueron necesarios para sanar. Por si fuera poco, al terminar la sesión, la masajista se atrevió a desafiar mi segundo límite; diciéndome: "Noto que estás tratando de hacer muchos cambios, pero pienso que no vas a poder solo, o vas a tardar mucho más tiempo si no buscas ayuda de un profesional. Te recomiendo que comiences terapia, te va a ayudar a resolver más rápido tus temas". Su sugerencia fue un ataque mortal a mi ego, pero días después tuve mi primera entrevista con una terapeuta y debo reconocer que sólo no habría podido resolver varios de los temas que me aquejaban, o tal vez me habría tomado bastante más tiempo.

No puedo cerrar este capítulo sin recomendar abrirse a la posibilidad de resolver, con ayuda de profesionales, aquello que no podemos solucionar solos. Hace falta humildad y fortaleza para escuchar lo que no queremos oír, pero el impacto es definitivamente positivo. Vale la pena recorrer ese camino interior.

Por mi culpa

Para algunos de nosotros es especialmente fácil cargarnos de culpas, de las propias y de las ajenas. Otras veces, son los mismos padres los que, desde el nacimiento, trasladan culpas a sus hijos de manera explícita o implícita, obviamente sin que sea su verdadera intención.

Así, a las culpas que nos endilgan desde afuera, le agregamos las que nos generamos nosotros mismos cuando las cosas no salen como las planificamos, o cuando no actuamos como preferiríamos. Y aquí el perfeccionismo, como tantas otras veces, no es buen consejero. Las cosas no salen siempre como pensamos, pero no por eso debemos atascarnos en ese 'fracaso'. Debemos soltarlo y seguir adelante.

Hubo un tiempo en que no podía disfrutar de las cosas buenas que me pasaban. Aunque estaba muy conforme con mi vida en general, no podía disfrutar a pleno de los mejores momentos por una serie de culpas que había estado acumulando. Entonces comencé a entender que cada uno de nosotros va configurando su propia vida con las decisiones que toma. Podemos aconsejar y ayudar a los otros, pero no ser responsables de la vida de los demás. Al fin y al cabo, tanto las cosas buenas como las malas que nos suceden, son fruto de nuestras decisiones y esfuerzos y merecemos disfrutar de nuestros logros.

Comencé a entender también que el pasado debe quedar ahí, atrás, y debemos avanzar sin culpas y sin culpar a nadie; que tenemos permiso para equivocarnos y que del error saldremos con una lección nueva aprendida; y que la vida también tiene una cuota de sorpresa, que no es necesario calcular todo, planificar todo.

Osho dice en uno de sus libros: "El hombre que es él mismo, desembarazado del pasado, sin continuidad con el pasado, original, fuerte como un león e inocente como un niño… puede llegar a las estrellas, o incluso más allá de las estrellas, su futuro es dorado"[1].

En general, prefiero hablar de responsabilidad antes que de culpa. En un equipo de trabajo, en la familia, o en cualquier grupo social, es saludable que cada persona se haga cargo de su rol, de lo que le corresponde: ni de más (porque entonces cargaría con mochilas que no le son propias), ni de menos (porque entonces no se haría cargo de sus tareas).

Si estamos en un puesto de responsabilidad puede suceder que carguemos más culpas que las nuestras (porque pensamos que podemos solucionar todo y nadie mejor que nosotros para resolver cualquier situación) o que no nos hagamos cargo de los errores porque nos cuesta reconocer nuestros defectos. Ninguna de estas opciones es recomendable. Aún en ese lugar de éxito, debemos tener la humildad de aceptar que no somos los únicos que podemos solucionar los problemas, como así también reconocer ante los demás cuando nos equivocamos. Estos conceptos nos proporcionan múltiples beneficios: permite el crecimiento de los demás; nos descomprime de tareas para enfocarnos en lo realmente importante; genera un ambiente de confianza; facilita el aprendizaje, etc.

El éxito es, en la mayoría de los casos, la consecuencia de una serie de decisiones correctas, sumado al talento, constancia, esfuerzo, sacrificio, otras tantas cosas y una dosis necesaria de suerte. Los resultados positivos que vamos generando nos retroalimentan para seguir en ese camino, nos motivan para seguir consiguiendo nuestros "logros". A su vez, vamos ganando confianza y nos pedimos siempre un poco más, exigiéndonos para tener mejores resultados. Como dije anteriormente, el perfeccionismo en este círculo virtuoso o vicioso, según el caso, es un arma de doble filo. Por un lado, nos ponemos la vara muy alta y eso produce que superemos los objetivos de la media de las personas. Entonces parece ser muy positivo desde ese punto de vista. Aun no cumpliendo los objetivos, le ponemos tanto empeño a todo lo que hacemos, supervisando hasta los detalles, que sin dudas nos destaca del resto. Pero aún con los objetivos planteados en la excelencia, planificando y chequeando para que no se nos escape nada, puede suceder que no siempre lo logremos. Cometemos errores, hay detalles que se nos pasan, y hay variables que están fuera de nuestro control. Entonces es fundamental perdonarse a sí mismo y no ser cruel en nuestra propia crítica. Si no nos perdonamos a nosotros, ¿podemos esperarlo de los demás? Esto no significa que vamos a vivir sin metas ni objetivos o que vamos a ser mediocres, pero es más saludable ser compasivo con uno mismo.

A veces nos quedamos enganchados con pensamientos negativos y críticas constantes: "tendría que haber dicho tal cosa", "debería haber reaccionado de tal manera", "podría haber actuado de otra forma". Todo pasado. Nada que se pueda cambiar de manera retroactiva. Lo que hicimos en un determinado momento fue por algo y ya pasó. Sólo queda reflexionar para obtener un aprendizaje; es muy importante construir en base a la experiencia.

Ser compasivos con nosotros también nos va a permitir mejores reacciones ante el error ajeno y evitar alguna de estas situaciones: remarcar eufóricamente el error, exponiendo a la persona ante los demás; haciendo un prejuicio sobre la persona en sí, por una situación particular; castigar la acción de manera exagerada; guardar resentimiento hacia el futuro; fingir todo lo anterior hacia afuera, pero llevar 'la procesión' por dentro.

Es bastante probable que hagamos con los demás lo que hagamos con nosotros mismos. Y si somos líderes de un equipo, esto provoca miedo, todo lo contrario de la confianza. Soy un convencido que las personas con miedo rinden definitivamente peor. Con miedo, no sacamos todo nuestro potencial, cada vez nos animamos a menos. Hacemos lo justo y necesario, 'no vaya a ser cosa que nos equivoquemos'. Y así nos vamos volviendo cada vez más chiquitos, más temerosos. Así, nos privamos de explorar nuevas experiencias, nuevas formas de hacer las cosas, y limitamos nuestra creatividad. Debemos atrevernos a equivocarnos, y el trabajo empieza por nosotros mismos.

Sólo cuando aprendamos a perdonarnos a nosotros mismos, podremos hacerlo de manera genuina con los demás.

[1] *Sintonizarse con la existencia: Una propuesta para un nuevo comienzo*. Penguin Random House, México.

Manejar el ego

Personalmente, lo que más me costó de la terapia fue sentir mi ego atacado. Escuchar hablar a otro sobre lo que no nos agrada de nosotros mismos, significa un complicado ejercicio que me hizo pensar en abandonar la terapia en reiteradas oportunidades.

En ocasiones, nuestras vidas giran en torno a nosotros mismos a tal punto que no permitimos los comentarios ni cuestionamientos ajenos sobre las decisiones que tomamos. Entonces, las ideas diferentes pueden hacernos reaccionar con soberbia, con ira y hasta de manera caprichosa. Sentimos que estamos tan en lo cierto, que no hay posibilidad de una opinión que difiera de la nuestra.

Las cosas que hacemos bien en nuestra vida; los logros o triunfos alcanzados, son sin duda fruto de decisiones acertadas que hemos tomado, y es lógico que ese 'bagaje de éxitos' nos produzca confianza. Esa confianza, a su vez, resulta un alimento para el ego. Pero el ego puede ser el reconocimiento de sí mismo, diría Freud, o un exceso de autoestima. Mientras el primero es saludable, el segundo puede ser perjudicial para nuestro crecimiento. Y cuanto mayor el exceso de autoestima, mayor la imposibilidad de abrirnos a nuevas ideas, con lo cual reducimos nuestra visión de las cosas. Si prestamos atención en alguna reunión donde se abre una discusión, podemos distinguir largos e improductivos intercambios de ego no dispuestos a ceder, cerrados en su postura y que no encuentran ningún matiz valioso en la opinión ajena. Hasta a veces podemos comprobar que no se escucha al otro, son monólogos donde no se registra ni se respeta otros puntos de vista.

Manejar el ego se convierte en una obligación siempre, pero especialmente si obtenemos éxito en lo que hacemos. Mantener una postura humilde, flexible y abierta nos permite reinventarnos continuamente. Reconocer nuestras equivocaciones, ceder ante una idea o concepto superior al nuestro, es no sólo una muestra de humildad sino también de inteligencia. No hacerlo, en cambio, nos sitúa en el umbral de la soberbia.

Egocentrismo y fanatismo son complementarios. El filósofo Francesc Torralba define el fanatismo como 'miopía espiritual', porque se confunde la propia percepción de la realidad con una verdad universal que debe ser aceptada por todos. La intolerancia al disenso es el rasgo principal del fanatismo, pero no sólo coarta al que piensa diferente sino que también acalla nuestras voces internas, que puedan cuestionar aquello que afirmamos sin una visión crítica: el fanatismo no nos permite ver nuestros errores ni los aciertos de los demás. En este sentido, el fanatismo atenta contra nuestro instinto de supervivencia porque apaga todas las luces de alerta propias y ajenas.

Convivir con la diferencia, en cambio, nos obliga a repensarnos, a pensar críticamente, a salir de nuestra comodidad para ver con otros ojos la misma realidad. En la medida en que aceptamos nuestras debilidades, nos hacemos más fuertes. Aceptar la diferencia y otras miradas nos enriquece, nos pone de pie ante un camino de aprendizaje continuo, nos libera de los rígidos corsés de los dogmas y de lo inmutable.

Aislados en nuestras ideas absolutas,

nunca alcanzaremos nuestro máximo potencial.

Los fuegos artificiales de los logros

¿Quién no quiere logros para su vida? ¿Quién no siente satisfacción cuando consigue algo que ha deseado y por lo que luchó arduamente? ¿Quién se animaría a decir que es indiferente a sus logros?

Todos tenemos sueños y objetivos que queremos cumplir y, consciente o inconscientemente, buscamos la manera de llevarlos a cabo; nos trazamos metas y caminos; ponemos nuestro esfuerzo y constancia al servicio de ellos. En el camino atravesamos por momentos en que esos sueños nos parecen inalcanzables, hasta dudamos de que sean para nosotros. Nos desalentamos y hasta se nos pasa por la cabeza 'tirar la toalla'. ¿Para qué sirve tanto sufrimiento?; al fin y al cabo, como son proyectos personales, no tenemos que rendirle cuentas ni poner excusas a nadie. Sin embargo, es en ese preciso momento, cuando estamos convencidos de haber llegado al límite, que debemos dar un poco más. Es el momento de alentar esa pequeña llama interior para que se encienda plenamente. Es superando nuestros límites que vamos a alcanzar grandes logros. Debemos luchar para no quedarnos en el medio del camino.

Ahora bien, ese momento en el que cumplimos el objetivo, cuando estamos posando para la foto soñada tantas veces, es al que le llamo 'el momento de los fuegos artificiales'. Donde las luces brillan, donde la satisfacción nos crea una sensación de felicidad plena que a todos nos gusta experimentar. Pensemos en esos momentos que vamos a llevar siempre con nosotros, donde sentíamos tocar el cielo con las manos: algún cumpleaños especial, la gira de egresados, cuando nos recibimos, el primer auto, comprar la casa propia, algún viaje único, un ascenso, el casamiento, sólo por mencionar algunos ejemplos. Cerremos los ojos e intentemos hacer una reconstrucción lo más detallada posible de alguno de esos momentos: el lugar, los sonidos, los aromas, las personas que estaban ahí, las sensaciones. Todo era tan agradable que es entendible que intentemos repetirlo todas las veces que podamos.

Nadie puede negar las sensaciones positivas que nos producen esas conquistas, pero aun así, son como los fuegos artificiales: duran poco tiempo. Nos atrapan, nos encandilan, no podemos dejar de mirarlos. Son hasta mágicos. Pero en breve se terminan y nos encontramos otra vez con el mundo real, el de todos los días. Y con nosotros mismos. Con esto quiero decir que nuestras vidas deben tener un sentido más grande que cada uno de esos logros. A veces creemos que la solución es seguir conquistando objetivos. Pero si lo pensamos bien: ¿a alguien se le ocurriría una sucesión infinita de fuegos artificiales? Creo que hasta perderían el sentido y la magia que los caracteriza.

Esto no significa que tengamos que dejar de ponernos objetivos y de ir tras ellos, o que dejemos de disfrutarlos al conseguirlos. Pero el sentido de la vida tiene que trascender esos triunfos esporádicos, sino tendríamos que conformarnos con pequeñas gotas de felicidad. Tampoco está la solución en alcanzar más trofeos; el vacío siempre volverá a hacerse sentir. Los logros alimentan nuestro ego, pero no nuestro espíritu y éste es justamente el vacío que debemos llenar. Estar bien con nosotros mismos es la mayor satisfacción que podemos experimentar.

No obstante, no hay fórmulas. Cada individuo debe explorar en qué consiste y cómo alcanzar esa plenitud interior. Hay quienes la encuentran en la fe, en la meditación, compartiendo con sus seres queridos, al practicar un deporte o al prestar ayuda a los demás; hay quienes la alcanzan a través del amor que ponen en las cosas que hacen, o cuando disfrutan de pequeñas y sencillas cosas, o en todas ellas juntas. Este libro no tiene respuestas; pero intenta ayudar a que cada lector se indague, se cuestione.

En ocasiones, el éxito –que es en parte una sucesión significativa de logros– nos impide ver la cuestión de fondo y corremos el riesgo de no visualizar más allá del árbol. Pero si logramos llenar ese vacío interior, y estar en sintonía con nosotros mismos, te aseguro que los demás logros vendrán solos.

Intenta darle a tu vida un sentido más profundo que los logros que puedas conseguir.

El éxito es insoportable

¿Alguna vez te pasó de estar en un momento perfecto de tu vida y arruinarlo todo? ¿Te cuesta entender tus propios actos en tu contra?

Si un boicot es una acción dirigida a obstaculizar el desarrollo o funcionamiento de una actividad, el autoboicot es un atentado a la felicidad personal. Son todas aquellas acciones con las que nos ponemos obstáculos a nosotros mismos y que nos impiden mejorar alguna situación concreta, prosperar, conseguir algo y puede estar ocasionado por distintos temores (el temor al cambio hacia algo mejor, a lo desconocido, a salir de nuestra zona de confort, a tomar ciertas decisiones, etc.). No por nada el subtítulo del libro *Boicot* de Bernardo Stamateas es más que sugerente: "cuando el tóxico es uno mismo". Personalmente, traté este tema en terapia. Había notado que tenía actitudes que podrían hacerme perder lo que me había costado conseguir; era como tener la necesidad de comenzar de nuevo, de manera cíclica, innecesariamente. "El éxito es insoportable", dijo mi terapeuta.

Siempre tuve la sensación de que el éxito era difícil de aceptar por los demás, pero no era consciente de que podemos ser nuestros peores enemigos. De ahí la importancia de conocernos cada vez mejor y de aprender a gestionar nuestras emociones. Para mí fue muy útil este ejercicio: distinguir lo que quiero y a costa de qué. Cada vez que elegimos algo, desechamos algo también. Los contadores conocemos de contrapartidas. A veces queremos más cosas y nos aventuramos a tenerlas sin ser conscientes de que esa elección implica de manera tácita dejar otras de lado. Por eso es útil preguntarnos ¿qué quiero y a costa de qué? Así podemos distinguir lo que no estamos dispuestos a perder, y eso nos ayuda –a su vez– a fijarnos prioridades en la vida. Las prioridades son la brújula de nuestras decisiones.

Hay un valor muy importante para mantener el éxito: la constancia. Pienso que a la diferencia no la hace tanto el talento como la voluntad ejercitada a diario. La constancia es el verdadero camino del éxito. Antes y después de conseguirlo. Nos imaginemos, por ejemplo, en un rol específico: emprendedor, profesional, padre, madre, esposo/a, amigo/a, etc. Y que cumplimos con ese rol satisfactoriamente durante diez años y un día decidimos tomarnos un año sabático haciendo todo lo contrario. Un año después, ¿aún tendríamos éxito en ese rol? Indudablemente, no, porque la cuestión no es sólo llegar, sino poder mantenerlo. Por eso afirmo que la constancia es el valor fundamental en el camino al éxito y sobre todo en mantenerlo.

¿Qué sucede cuando llegamos al lugar esperado y soñado por el que luchamos intensamente? Por lo pronto, no siempre es necesario empezar todo de cero. También podemos disfrutar de ese logro y vivirlo en paz, renovando los desafíos, pero desde lo construido hasta ahí. Seguramente siempre encontraremos aspectos por mejorar, todo es perfectible. Lo que digo es que se puede seguir creciendo sobre la base de lo conseguido, porque si llegamos hasta ahí, algo hicimos bien. Muy probablemente hay cosas que valen la pena mantener. Los nuevos desafíos y emprendimientos no implican necesariamente descartar todo lo anterior. Es posible y es creativo reinventarnos desde el mismo lugar. No siempre es construir, terminar y demoler.

El peor enemigo para mantener el éxito somos nosotros mismos.

Los mandatos sociales

"Alguien se graduó a los 22 y consiguió trabajo a los 27; alguien se graduó a los 27 y ya tenía trabajo. Hay alguien que está todavía soltero y tiene un hijo; hay otros que, casados, tuvieron que esperar diez años para ser padres. Hay quienes tienen pareja y aman a otra, hay quienes se aman y no son nada, y algunos están buscando a quien amar. Todo funciona según nuestro reloj: las personas sólo pueden vivir a su propio ritmo. Puede parecer que tus amigos estén más adelante, o que estén más atrás; pero ellos están en su momento y tú en el tuyo. Vive con paciencia, sé fuerte y cree en ti mismo. No estás tarde, no estás temprano... Estás en tu tiempo".

Anónimo

Siempre estamos en 'nuestro tiempo'. A veces puede parecer que vamos al revés del mundo y hasta podemos sentir que estamos retrasados o adelantados, como si hubiéramos saltado alguna etapa; pero a pesar de las impresiones, siempre estamos en nuestro tiempo. En cada cultura se establecen algunos parámetros; luego, las sociedades presionan para que sus integrantes los cumplan. Yo les llamo 'mandatos sociales': hay un molde, un camino a seguir donde todo está escrito y un cronómetro que ajusta la velocidad de los pasos. Pero resulta que no todos coincidimos con ese molde ni nos ajustamos a esos tiempos ideales y, aunque nosotros podamos vivir nuestra diferencia con naturalidad, puede suceder que recibamos preguntas, sugerencias, luego cuestionamientos y, finalmente, reclamos.

El mundo en el que vivimos ha perdido la guerra contra la ansiedad, un poco por la condición humana en sí y, otro poco, por los estímulos que recibimos. Queremos todo ya, sin esperas. Conjugamos aquel molde con nuestra premura y entonces: recibirse, hacer un posgrado, comprar el auto, casarse, comprar la casa, tener éxito, tener hijos son el puntapié inicial; debemos obtenerlo todo y, si puede ser antes de los 30 años, mejor porque luego seremos viejos y habremos perdido el tren. En los avisos laborales encontramos ejemplos de este tipo: "Se busca profesional de 25 años de edad, con 5 años de experiencia en el puesto (excluyente). Se valorará posgrado en la especialidad". Aunque parezca exagerado, he visto casos bastante parecidos a este.

Somos la generación que no puede esperar, porque no sabemos qué puede suceder mañana. Y esa ansiedad nos enferma de diferentes maneras; cada uno canaliza toda esa emoción tóxica con distintos síntomas.

Pero aún puede suceder que el éxito conseguido no sea el nuestro, sino alguno que nos vino también de mandatos sociales. Cuando esto sucede, los padres suelen tener bastante que ver, porque a veces presionan a sus hijos para que cumplan los objetivos que ellos les piden o, peor aún, los que a ellos les quedaron pendientes. Por eso quiero destacar que es fundamental definir qué es el éxito para uno mismo, no para los demás. Sólo cuando somos coherentes con nuestros propios sueños podemos estar en paz con nosotros mismos.

También para quien alcanza el éxito está todo escrito. Los imaginarios sociales se alimentan de idealismos que parecen salidos de películas de Hollywood, de publicidades de perfumes y de autos de alta gama. Una persona exitosa debería tener tal casa, tal auto, vestirse de tal manera, viajar a tales lugares, relacionarse con tales personas, frecuentar tales lugares de encuentro, etc. Los aplausos y brindis son para quienes se muevan en esos límites; a quien se sale de ellos, en cambio, sólo le cabe la crítica cruel. Mi mejor consejo: que no te importe lo que piensen los demás. Sólo vos sabés cuánto te costó llegar a donde estás, o cuánto te está costando alcanzar tus objetivos. No es necesario tampoco ir por la vida dando explicaciones a todo el mundo. El mayor compromiso es con uno mismo y no se debe andar sintiendo culpas por no ser como los demás o por no 'cumplir' las expectativas de los otros. Somos seres únicos.

En mi caso, he pasado por muchas situaciones en las que los mandatos sociales me presionaron fuertemente. Aunque tengo una manera 'estructurada' de ser y en varios aspectos podría decirse que 'pertenezco al molde', en numerosas ocasiones tomé decisiones drásticas de largo plazo que me valieron el juicio de "estás loco", "no sos prudente". En el fondo, tengo un espíritu aventurero y rebelde; a veces lo escucho y salto al vacío, me juego por una intuición que no puedo explicar en ese momento, y de la que desconozco los resultados. Me sucedió, por ejemplo, cuando renuncié a trabajos 'seguros'; pero yo de lo único que estaba seguro era de que sería infeliz el resto de mi vida. No por el trabajo en sí, porque todo trabajo es digno, sino porque no estaba siendo consecuente con mis sueños y mis propósitos.

Mi propuesta es que aceptes tus tiempos. Cada uno tiene una historia diferente; el punto de partida no es el mismo para todos. Por eso nuestras historias de vida, nuestros éxitos y nuestros fracasos no son comparables; por eso no tenemos que medir nuestra experiencia con la de alguien más. Sólo si aceptamos genuinamente nuestro tiempo, podremos enfocar mejor lo que queremos lograr y el camino que vamos a recorrer para conseguirlo. Para ello, vamos a necesitar de valor para ir a veces 'contra la corriente'. Es bastante probable sentir la falta de comprensión del entorno y que lleguemos a cuestionarnos si estamos en lo correcto. Pero eso no debe ser motivo para abandonar la lucha.

De la sociedad debemos tomar aquello que compartimos; ser críticos para no comprarlo todo, y hablo de comprar no en sentido estrictamente material sino también de comportamientos y actitudes. Aparentar para pertenecer trae, tarde o temprano, una sensación de vacío. Lo más importante es SER uno mismo, y SER nosotros mismos en todas nuestras dimensiones. Y en realidad, SOMOS TODO LO QUE SOMOS: No nos creamos nunca que una sola de nuestras características nos define en general. La música tiene sus géneros, en política hay diferentes ideologías, pero esas clasificaciones no las hace irreconciliables en la vida cotidiana. A mí me gusta tanto la música clásica como la música popular; coincido con algunas ideas de la izquierda y con otras de la derecha. No todo es dicotómico, blanco o negro. Los grises son infinitos y enriquecen nuestras perspectivas.

Ser sincero con nosotros mismos nos ayuda a ser más auténticos y a disfrutar más de la vida. Quitarnos los rótulos, descreer de los que nos ponen los demás, es totalmente liberador. No todo lo supuestamente opuesto se contradice entre sí; nosotros podemos conciliar variedad de ideas y gustos sin teñirlos de posturas tajantes.

No nos creamos nunca los rótulos
que nos impongan los demás,
ni sigamos siempre los caminos
por donde nos quieran llevar.

Dime con quién andas

... y te diré cuán lejos puedes llegar.

Hay una realidad, y es que no elegimos la mayoría de nuestras relaciones. La familia, los amigos del colegio, los compañeros del trabajo y a veces hasta la pareja. Nos vamos adaptando según los sentimientos y momentos compartidos. El sentido de pertenencia es muy importante en estos casos, todos necesitamos sentirnos parte de algo socialmente aceptado.

Lo que sucede a veces (y es lo que me sucedió a mí), es que no nos permitimos abrirnos de verdad a nuevas relaciones. Nos justificamos en que no tenemos tiempo, en que no las necesitamos o también sucede que no nos cuestionamos sobre el tema. Pero es bueno permitirse nuevas relaciones. Sinceras, profundas, de esas que nos suman y nos complementan. No es que las anteriores, las de toda la vida, no sean valiosas. Ellas siempre serán nuestro cable a tierra, nuestras raíces. No obstante, es sumamente importante sumar personas a nuestras vidas que nos hagan nuevos aportes, que sean un norte a seguir, que saquen lo mejor de nosotros, que nos ayuden a crecer y a cuestionarnos cosas que parecían fijas para siempre. Al fin y al cabo, no somos los mismos de hace diez años aunque nuestra esencia permanezca; las experiencias nos nutren y conocer nuevas personas con otras experiencias, sin dudas, también nos suma.

Y así como podemos elegir sin culpas las relaciones, también podemos elegir no compartir con esas personas que sentimos que no quieren lo mejor para nosotros, que no se alegran de corazón cuando nos va bien; que siempre tienen algo que cuestionar de nuestros logros; que nos felicitan con cinismo. Los que están esperando nuestro fracaso. Merecemos estar rodeados de quienes nos quieren y ayudan a seguir adelante, a crecer, a ser felices.

Aristóteles decía: "En general, los que ambicionan la gloria en algún campo determinado, son envidiosos en lo que a ello se refiere". Es decir, a los logros de unos les cabe la envidia de otros. ¿Quién no la siente por las personas que ya han conseguido eso que estamos buscando? La envidia es un sentimiento propio del ser humano, pero lo importante es transformar esa emoción de manera positiva, por ejemplo, como sugiere Bernardo Stamateas, en "admiración" hacia esas personas. Si logramos acercarnos y compartir con ellas, podremos conocer de cerca el camino a seguir para alcanzar nuestro objetivo.

Debemos ser conscientes de que el éxito ajeno pone feliz a poca gente. Por eso, cuando encontramos personas que se alegran sinceramente con nuestros logros, es importante compartir tiempo con ellas, que seamos agradecidos y les respondamos con sentimientos recíprocos. Son esas personas las que nos acompañarán en las buenas y en las malas.

A veces, dedicamos nuestra energía a personas que, aunque son importantes en nuestra vida, no son incondicionales; y a las que lo son, las postergamos como si en el fondo tuviéramos plena certeza de que van a estar para siempre, de que sus sentimientos son eternos y capaces de resistir todas nuestras dilaciones. Como seres humanos, solemos prestar más atención a lo que nos falta que a lo que tenemos; pero no tenemos en cuenta que la variable de lo que ya tenemos no es fija. Las personas que nos ponen por delante de todo se merecen nuestra prioridad. Debemos devolverles de igual manera; de eso se tratan las relaciones humanas sinceras. Hay que cuidar a quienes nos cuidan para no arrepentirnos cuando sea tarde.

Es bueno, también, que si estamos en una situación personal de éxito podamos distinguir a los famosos "amigos del campeón". Estos 'amigos' son los que se acercan porque piensan que pueden obtener algún beneficio de nosotros. No dejar de ser quienes somos es fundamental. Aún en tiempos de "vacas gordas", mantener nuestra esencia y sencillez nos va a permitir tener relaciones humanas más sanas y nos va a ayudar a mantener alejados a los paracaidistas.

A lo largo de nuestra vida, muchas de las oportunidades que se nos presenten dependerán de las relaciones que tengamos y hayamos cultivado. Solemos pensar que más y mejores aptitudes técnicas nos abrirán puertas más grandes, y destinamos nuestra mayor parte del tiempo a cultivarnos desde el conocimiento. Sin embargo, la experiencia me ha ido evidenciando que, aunque las aptitudes son importantes y necesarias, el éxito depende más de nuestra habilidad para relacionarnos. Cualquiera de nosotros podría traer ejemplos de personas con grandes capacidades en una disciplina determinada, pero con dificultades para vincularse con los demás. Por eso, no cualquiera puede ser jefe o líder de un equipo, a pesar de que tenga vastos conocimientos y talentos. De la misma manera, la relación con nosotros mismos es clave para alcanzar y mantener el éxito.

Las personas somos, en gran parte,
el resultado de las relaciones
que tenemos y mantenemos.

La gente hace cosas

La gente no 'nos' hace cosas. La gente 'hace cosas' y nosotros tenemos que elegir qué lugar les damos. En general, lo que los otros dicen o hacen, habla más de ellos que de nosotros mismos. De igual manera, lo que nos molesta de los demás, en general habla más de nosotros que de ellos.

En mi caso, durante el tiempo en que no me encontraba conmigo mismo, había personas, comentarios y situaciones que me molestaban mucho. Me alteraban el día y hasta la semana. Me quedaba "colgado" por mucho tiempo dando vueltas con un comentario, un gesto, una reacción, cualquier cosa podía cambiarme el humor. Por supuesto, para mí la culpa siempre era de los demás, sentía que atentaban contra mi felicidad. Luego entendí que mi felicidad dependía de mí mismo.

Sólo podemos actuar y reflejar lo que somos en nuestro interior. A la larga, nuestra conducta va a estar influenciada por nuestra esencia porque no es posible fingir tanto. Entonces, si por dentro sólo nos pasan pensamientos y sentimientos negativos, eso seremos y lo trasladaremos a todos nuestros actos. Por lo tanto, debemos tomar las cosas como "de quien vienen", como bien expresa la sabiduría popular.

En situaciones de conflicto, o sobre todo cuando debatimos con los demás, es importante despersonalizar las cuestiones. Es habitual que en las reuniones de trabajo, familiares y de amigos lo que se discuta es quién tiene la razón. Cada persona es libre de sus pensamientos y acciones, y si no coinciden con nuestras ideas, no es por una cuestión personal, no es para hacernos la contra. Todos podemos pensar distinto, y eso es lo que nos hace únicos. Si podemos despegarnos de considerar de manera personal las ideas de los demás y logramos abstraernos para buscar soluciones, habremos dado un gran paso para resolver los problemas. Como digo muchas veces, no se trata de tener razón, se trata de encontrar soluciones a los problemas.

Cuando estamos en nuestro centro, cuando nos encontramos con nosotros mismos, cuando nuestro interior está en paz, lo que dicen o hacen los demás deja de influir en nuestras vidas. Sólo entonces podemos aceptar de dónde venimos, saber con claridad qué suelo pisamos, y visualizar dónde queremos llegar. Estanislao Barrach, en su libro *EnCambio*, habla de los 0.2 segundos que tiene nuestro cerebro antes de reaccionar. Cuanto estamos en equilibrio, ese tiempo nos basta para elegir qué hacer conscientemente.

Nunca vamos a poder conformar a todos. Intentarlo es un esfuerzo innecesario. Los detractores van a estar siempre. Por eso, lo mejor es no malgastar nuestra energía en complacer a los demás. La vida en general se trata de nosotros, de nuestra felicidad. Para eso es importante que nos resguardemos y pongamos límites al mundo exterior. Lo realmente importante está dentro nuestro.

Cuando no nos dejamos llevar por todas las opiniones –especialmente, las negativas– que nos llegan, es más fácil que nos mantengamos enfocados en nuestras metas. Además, de esa manera, no estamos todo el tiempo a la defensiva, lo cual nos lleva a poder disfrutar mucho más de cada momento compartido con los demás.

Adicionalmente, es importante destacar que no sólo se trata de no dejarnos llevar por todo lo que piensan de nosotros y de lo que hacemos, sino también liberarnos de poner todo el tiempo a los demás y a sus decisiones bajo nuestra tela de juicio.

Es simple. Vive y deja vivir.

Sólo compito todo el tiempo

No conozco personas exitosas que no sean competitivas. Estoy convencido de que la competencia sana con uno mismo primero, y luego con los demás, es lo que provoca que se empareje para arriba y eso se transforme en un círculo virtuoso. Pero creo realmente que son pocos los casos donde esa competencia es realmente “sana”.

El problema es cuando competimos absolutamente en todo lo que hacemos: en el trabajo, con nuestros colegas, con nuestros amigos, en la familia, y hasta con nuestra pareja. Qué decir si también competimos en nuestros pasatiempos, que deberían ser momentos de disfrute y relajación. Para las personas exitosas, competir se convierte en una verdadera adicción.

En el tiempo en que estuve enfermo, el médico me preguntó si era competitivo. Le contesté, contundentemente y hasta con orgullo, que sí. Después me pidió que le dijera cuáles eran mis pasatiempos. Le conté que jugaba al fútbol, que estaba en un campeonato con mis amigos, y que sentía una fuerte pertenencia con ese equipo. Entonces me preguntó si realmente lo disfrutaba y su cuestionamiento me dejó en silencio y confuso. Me di cuenta en ese momento de que el espíritu de competencia me estaba atravesando en todas las esferas de mi vida y fui consciente de que necesitaba hacer algo de manera urgente, donde pudiera descansar de esa competitividad.

En esas circunstancias, recordé que la última vez que me había sentido libre del principio de “ganar o ganar” había sido corriendo bajo la lluvia unos meses antes. Sin tiempos, sin resultados. Sin banderas de llegada ni premios. Sólo correr y sentir la lluvia. Tomé la decisión y comencé a correr y a hacer trekking sin días ni horarios fijos; sin otro objetivo que disfrutar de la naturaleza. Descubrí por primera vez lo que se sentía no estar compitiendo por un momento en algo: esas actividades me generaban paz interior, me disminuían la ansiedad y las angustias. Al principio me costó desde lo físico, pero cuando con la práctica superé esa barrera, el disfrute fue en aumento y hasta se convirtió en una necesidad para mi cuerpo y mi mente. Hasta me ayudó a dejar de fumar, un beneficio que todos los días agradezco.

Por supuesto, para cambiar hay que tomar decisiones y no siempre simpáticas. Tuve que renunciar al equipo de fútbol con el que compartí mi tiempo durante largos años; el equipo al que hasta le había puesto el nombre. No fue fácil en ese momento, pero viendo hacia atrás me convenzo de que fue una decisión acertada, además de necesaria.

Aunque no todas las historias son iguales ni requieren las mismas soluciones, espero que mi experiencia ayude a entender la importancia de encontrar un cable a tierra, donde no haya resultados ni medien las ideas de éxito y fracaso. De verdad, cuerpo y mente lo necesitan. Necesitan descansar, necesitan un momento donde no haya una marca que romper, ni un objetivo que lograr. Sólo sentir y disfrutar. Es cuestión de animarse y tener paciencia.

Para las personas competitivas y exitosas no debería haber mayor competencia que uno mismo, y los principales objetivos deberían enfocarse en intentar ser cada día una mejor persona, y superarnos a nosotros mismos, que de por sí ya es una presión fuerte con la que convivir. En definitiva, esto quiere decir que los demás no son el parámetro, sino nuestros propios límites. A la larga, eso también redunda en disfrutar del éxito de los demás, que no es sino una clara muestra de comprensión sobre el verdadero significado de la competencia.

Para una persona competitiva,
la principal competencia debería ser uno mismo.

No tenemos todas las respuestas

Aunque el enunciado del título parezca obvio, en ocasiones obramos como si fuera al revés. El éxito coloca a las personas en posiciones en las que se espera que sepan todo y en que también crean que deben saberlo todo. Sin embargo, es más saludable para nosotros y para los demás, reconocer cuando no manejamos un tema específico. Eso nos libera de presiones innecesarias y de consecuencias negativas.

En mi experiencia, cuando llegaba a algún puesto que buscaba, sentía que debía saberlo todo. Tenía la idea de que era una obligación tener respuestas para todo y de que esa era la verdadera razón por la que yo estaba ahí; además, traía la noción de que me ganaría el respeto de mi entorno cuantas más respuestas diera. Al mismo tiempo, percibía –o creía percibir– que la gente que trabajaba conmigo esperaba que tuviera una solución mágica para sus consultas. Quién no ha escuchado frases como: "mi jefe no sabe nada" o "el que sabe, sabe; y el que no, es jefe". La sensación que tengo es que medimos el rendimiento por la cantidad de decisiones fallidas y no por el conocimiento, ni aún por los aciertos.

La consecuencia de esa medición de éxitos por cantidad de respuestas dadas es la frustración cuando no se tiene un recurso 'a la mano' ante una consulta o no se tiene claro qué decidir frente a un problema. Esa frustración conlleva un autocastigo, que comienza con el autocuestionamiento sobre la capacidad para afrontar el rol que se tiene, y sigue con el crédito que se da al entorno que nos cuestiona cuando nuestro desconocimiento queda de manifiesto.

Pero no es nuestra capacidad la que debemos poner en duda, sino reconocer que no sabemos alguna cuestión específica. No hacerlo, nos somete a un fuerte estrés y anula nuestro aprendizaje. No saber algo es la posibilidad que tenemos de abrirnos a un conocimiento nuevo: el vaso siempre debe tener espacio para un nuevo saber y una nueva experiencia. Un profesor decía en clase: "no hay pregunta obvia", porque sabía que a veces somos reticentes a preguntar ante el temor de quedar expuestos ante los demás.

Para compensar esos momentos en que no sabemos sobre algo, he aprendido que la gente valora ciertas actitudes como:

- Aceptar desde el primer momento cuando no sabemos sobre un tema.
- No tratar de contestar por contestar, porque nuestro desconocimiento se pone en evidencia. Responder "lo veo bien y después hablamos" es una buena alternativa.
- Consultar con los demás para obtener información y distintos puntos de vista. Es muy importante seleccionar bien quiénes pueden ayudarnos con un tema.
- Investigar –si es necesario, en varias fuentes–. Hoy la información es muy accesible.
- Realizar la devolución en un tiempo prudente. Si hicimos todos los pasos anteriores, pero no cerramos el tema con la devolución respectiva y de manera oportuna, no tiene los efectos esperados y termina afectando la confianza. Es muy importante compartir el conocimiento que adquirimos con los demás, sobre todo con las personas que necesitan esa información.

Aprendí también con la experiencia que no tenía por qué saberlo todo, y para mí fue una gran liberación. A medida que incorporé esta idea con más naturalidad, también lo hizo mi entorno. Los colegas, superiores y colaboradores de nuestro equipo, nos respetan más por la sinceridad que por el saber, simplemente porque la confianza se construye desde los valores y no desde los títulos. Eso no quita la búsqueda continua de nuevos conocimientos y experiencias, pero para eso es necesario reconocer los temas que no manejamos, preguntar cuando no sabemos algo, tener el coraje y la humildad de decir "no lo sé, pero lo quiero aprender". Lo que está en juego es nada más y nada menos que la confianza.

Esto también aplica en otros ámbitos, como la familia, los amigos, y otros grupos donde participemos. ¿Cuántas veces opinamos de lo que en realidad no sabemos? ¿Cuántas veces juzgamos y criticamos sin conocer realmente la situación? ¿Cuántas veces defendemos con pasión y fanatismo una idea que en realidad no la cuestionamos ni profundizamos? ¿Cuántas veces pretendemos sólo tener razón? Los argentinos somos campeones en opinar absolutamente de todo. Y estoy convencido de que perdemos mucha credibilidad por ello. Siempre digo que la confianza es muy difícil de construir, y sumamente sencillo destruirla. Ni hablar de reconstruir. A veces es sólo reconocer que no lo sabemos, y disponernos a aprender.

Para aprender, primero hay que reconocer que no sabemos algo.

El poder del NO

En ocasiones, o de acuerdo con nuestra personalidad, podemos considerar que decir NO no está bien visto, que no tiene buen marketing, y que es preferible dar un SÍ aunque vaya contra nuestros deseos y posibilidades.

El psicólogo Walter Riso habla de personas asertivas para referirse a las que alcanzan un equilibrio: "Decimos que una persona es asertiva cuando es capaz de *ejercer* y/o *defender* sus derechos personales, como por ejemplo: decir "no", expresar desacuerdos, dar una opinión contraria y/o expresar sentimientos negativos sin dejarse manipular, como hace el sumiso, y sin manipular ni violar los derechos de los demás, como hace el agresivo" (*El derecho a decir no*).

No expresar nuestra opinión ni manifestar nuestras posibilidades reales ante un pedido y simplemente decir que sí para no traicionar las expectativas ajenas sólo nos suma presión. Y esto vale para todos los ámbitos, no sólo el laboral sino también familiar, amistades, etc.

Walter Riso ha observado que en el proceso de aprender a decir no se puede fluctuar entre la agresividad y la sumisión hasta alcanzar un equilibrio. Pesa tanto lo que se espera de nosotros como nuestro intento por respetarnos. "La práctica hace al maestro", según el dicho popular. Es cuestión de no claudicar en nuestra búsqueda. Es clave, también para nuestro coraje de adoptar una nueva actitud, la manera de expresarnos para no caer en la violencia. La manera en que decimos las cosas sí importa, porque no queremos herir a los demás ni que sientan nuestra negativa como un rechazo.

Hay quienes manifiestan con orgullo "yo soy frontal y digo todo lo que pienso", pero no hacen hincapié en las maneras. En un mundo de robots, la frontalidad del mensaje sería absolutamente válida, pero no somos ni vivimos entre robots; nuestra condición de humanos nos sitúa ante una subjetividad llena de matices lingüísticos y simbólicos que requiere de un mayor dominio del lenguaje y cuidado del otro.

En esta nueva búsqueda personal –puntualmente, la de poner límites– debemos evitar hacer una interpretación personal de los problemas y puntos de vista: tanto cuando alguien nos dice que no a nosotros o nosotros se lo decimos a alguien no está dirigido a la persona, sino a la situación puntual que se nos plantea.

El no expresado a tiempo (antes de comprometernos) nos ahorra angustias y ansiedades y, contrariamente a lo que se piensa, fortalece los vínculos porque aumenta la confianza y el respeto por nuestras decisiones.

Al principio puede ser difícil de poner en práctica, pero cuanto más se practica mejor se entiende lo saludable que resulta. Hasta puede suceder que 'abusemos' del recurso, pero con el tiempo se puede alcanzar un saludable equilibrio.

El "no" es un acto de respeto hacia uno mismo, hacia lo que pensamos y sentimos. Es un acto de escucha también a esa voz interior que tantas veces nos habla y tan pocas veces tenemos en cuenta. Si no respetamos nuestros pensamientos y sentimientos, ¿cómo podemos pretender que los demás lo hagan? ¿En qué consiste ese respeto exterior que estamos buscando? ¿A qué costo estamos dispuestos a ser aceptados por los demás?

Por último, debemos tener en cuenta que para ayudar a otros es necesario estar sano primero uno mismo, y esa salud comienza con la sinceridad individual.

Más vale un "no" sincero, oportuno, y de buena manera, que un "sí" fingido sólo para complacer a los demás.

Les propongo pensar en tres situaciones en los últimos meses donde se hayan comprometido con un sí cuando en realidad querían contestar que no y tratar de dar respuesta a lo siguiente:

1. ¿Cómo se sintieron cuando cumplieron con el compromiso? ¿Pudieron dar lo mejor de ustedes?
2. ¿Qué contestarían hoy en la misma situación?
3. ¿De qué manera contestarían que no?
4. ¿Cuáles serían las consecuencias concretas de ese no? (En general, sobreestimamos los efectos y después nos damos cuenta de que no era tan grave).

Modo control

Algunas personas pasan gran parte de su vida pretendiendo controlar todo: planifican cada mínimo suceso, imaginan tal cual como quieren que las cosas sean sin que la improvisación ocupe algún lugar, llegan a pretender que su entorno haga aquello que ellos consideran que deben hacer y hasta a enojarse si no lo hacen. Es decir, no se conforman con querer controlar toda su vida y lo que pasa alrededor de ella, sino que también pretenden controlar la vida de los demás. Desde ya, no es un control que se ejerza desde la mala intención. Lo que estas personas sienten es que nadie va a hacer las cosas mejor que ellos, al punto de llenarse de tareas menores que tranquilamente podría realizar otro, pero les cuesta delegar porque sólo confían en sí mismos. Como cumplir con todo eso es imposible, el estrés, la angustia, la falta de energía, la presión excesiva son en ellos moneda corriente y, a pesar de toda la carga asumida, no entienden cómo su entorno no puede comprender esa situación de presión. Y en general esa 'falta de comprensión' es sencilla de entender: quienes controlan todo absorben nuevas responsabilidades hasta con un gesto de placer, que nace en la confianza en sus propias capacidades.

Como en toda obsesión, lo primero para corregir el rumbo es reconocer que se tiene una conducta controladora:

· No nos permite crecer ni a nosotros ni a los demás, porque no podemos explorar todo el potencial que tenemos.

· Anula el crecimiento y la creatividad, lo podemos ver en el ámbito laboral cuando un jefe no hace una delegación efectiva y también en el familiar, cuando los padres hacen todas las tareas por sus hijos.

· Produce efectos en el ambiente: quienes viven en 'modo control' tienen un carácter complicado de llevar y eso afecta la armonía de su entorno. Los compañeros de trabajo y familiares no son responsables por la falta de flexibilidad y adaptación.

· Nos impide disfrutar a pleno de las cosas.

Muchos líderes y personas de éxito mantienen este comportamiento de manera constante con su equipo pero, aunque sus resultados a priori avalen esta forma de trabajo, difícilmente desarrollen su máximo potencial. Un buen líder, además de serlo, debe crear y potenciar nuevos líderes y no solamente seguidores.

Hemos mencionado recientemente la delegación de tareas. Hay que poder delegar para vivir. "Los demás no lo van a hacer como yo". Por supuesto que no, y por suerte que no también. Todos somos únicos y eso tiene un doble aporte: cada resultado se nutre de varias personalidades y, a su vez, esa combinación resulta más creativa y única también. Al delegar en alguien una responsabilidad es importante:

· Seleccionar a la persona competente o con el potencial para obtener un buen resultado.

· Instruir claramente y de manera concreta sobre los objetivos.

- Confiar en la delegación (que implica trabajar en la ansiedad de quien delega).
- Identificar los aspectos importantes que trae consigo la tarea. Chequearlos.
- Aceptar y tolerar las diferencias en la manera de llevar a cabo una actividad. Priorizar los objetivos es un aliado importante.
- Practicar feedback. Reconocer aciertos y aspectos para mejorar.

A medida que aumentan nuestro éxito y responsabilidad, aumenta la necesidad de delegar tareas tanto en lo laboral como en lo personal, por eso es cada vez más necesario volverse más efectivo a la hora de traspasar una responsabilidad. Pero esto es importante y por eso lo reitero: tarde o temprano tendremos que delegar, así que lo central es aprender qué delegar y reconocer claramente a quiénes.

Es muy importante la planificación cuando queremos cumplir objetivos. Hacer un seguimiento de esa planificación es útil para detectar desvíos de manera oportuna. Sin embargo, lo más probable es que la planificación no se cumpla a rajatabla; entonces, hay un factor sumamente necesario para poder vivir en plenitud: la flexibilidad. A quien quiere controlar todo, en general le cuesta ser flexible, es una cualidad casi anulada. Pero sin flexibilidad pasamos del éxito absoluto (por el plan creado) al rotundo fracaso: no podemos seguir con el plan, que por imperfecto se volvió desechable.

No vamos a poder controlar todo. Y en el hipotético caso de que lo logremos, sería a costa de nuestra felicidad. El precio sin dudas sería alto: nuestra salud. Debemos entender que nadie es imprescindible. Pensamos que hacemos las cosas mejor que los demás, pero porque sólo lo vemos con nuestra lupa. Nuestra concentración debe estar en controlar lo importante, no todo. ¡Cómo no vamos a quejarnos de no tener tiempo para nada, si nos pasamos la vida controlando!

Lo único constante es el cambio

Puede parecernos increíble pero solemos resistirnos a los cambios aunque el mundo está en constante mudanza. Ese rechazo a veces nos causa sufrimiento, bronca, odio, ira, y hasta enfermedades. Aunque los movimientos sean imperceptibles, nada es igual a lo que era hace un momento, y nosotros tampoco lo somos. El filósofo presocrático Heráclito decía que todo está en movimiento, todo cambia de una forma constante; la realidad es cambio.

Es natural que tendamos a quedarnos en lo conocido, en donde nos sentimos cómodos, en donde las cosas son predecibles. Es la famosa "zona de confort". Las personas que no se sienten satisfechas con algún aspecto de sus vidas tienen una motivación para salir en la búsqueda de aquello que les lleve a alcanzar un punto de plenitud. Para aquellas que han alcanzado el éxito, con la satisfacción y comodidad anheladas, es más difícil arriesgarse a los cambios, a abrir nuevas puertas. ¿Para qué lo harían? ¿Por qué cambiarían algo de lo que los llevó hacia donde están hoy?

En mi opinión, una de las principales causas por las que el éxito se vuelve obsoleto en la vida de algunas personas, es justamente la dificultad de adaptarse a los cambios, de flexibilizar oportunamente cuando las circunstancias lo ameritan. A veces, nos aferramos a un mundo, a cosas, a personas, y hasta a un yo que ya no existen. Nos cuesta soltar, desprendernos de aquello que ha cambiado de una manera diferente a nosotros.

Si queremos mantener el éxito, es esencial entender que no hay seguridad absoluta. Que algo que hoy nos funciona perfectamente, mañana puede dejar de hacerlo. Eso nos obliga a reinventarnos día a día, a tener que ir buscando en cada paso la mejor versión de nosotros, aunque sin perfeccionismos ni autoexigencias excesivas. Sólo la motivación de intentar cada día ser un poquito mejor. Todo lo demás vuelve de la misma manera.

La neurociencia ha demostrado que nuestro cerebro puede modificarse, inclusive fisiológicamente, hasta el último día de nuestras vidas. Y no es un descubrimiento menor: no podemos quedarnos en un "¡yo soy así y punto!". Cuando somos adultos, los cambios tienen que ser inducidos a través de nuestra conciencia y voluntad hasta generar nuevos hábitos que produzcan en nuestro cerebro nuevos "cableados" neuronales. La repetición es importante en este proceso; aunque al principio cuesta, con el tiempo se vuelve automático.

Los cambios no necesariamente tienen que ser grandes y significativos, como cambiar de trabajo, mudarse o una nueva pareja. Los cambios más sencillos ayudan a mejorar y moldear la actividad del cerebro. Cambiar de camino para ir al trabajo, sentarse en una silla distinta, comprar un vino que no probamos previamente, viajar a un lugar nuevo, escuchar una música distinta, hacer un nuevo deporte. Todo ayuda a mantener el cerebro más joven. Quienes lo hacen, sienten que la vida tiene más sentido del que creían, y también que se estaban perdiendo de conocer un montón de cosas por no arriesgarse a lo nuevo.

Recomiendo leer el excelente libro de Estanislao Bachrach "En Cambio". Allí encontrarás un equilibro perfecto entre la neurociencia y la explicación traducida a nuestra vida cotidiana.

Emprender cambios dentro del Sistema

Todos conocemos, seguramente, a unas cuantas personas que viven quejándose del "sistema". Personas cansadas que se quejan de todo, que piensan y sienten que en el mundo casi todo funciona mal o que, al menos, puede funcionar mejor. Para mí, esa crítica constante y sin propuestas de soluciones concretas, son síntomas de una soberbia que se sustenta más en un deseo de destruir que de construir. Son muestras de que esa persona necesita trabajar en algún aspecto de sí mismo porque, al fin y al cabo, esa actitud le hace más daño al que se vive quejando. Si nuestros pensamientos son mayormente negativos, de la misma forma será nuestra vida.

Hay también quienes se pasan la vida esperando que el sistema cambie. Parecería ser que el pensamiento es: "que cambie el sistema y yo seré feliz". Pero la felicidad no depende de cambios externos y, por otra parte, el sistema no va a cambiar sólo por el hecho de complacernos. Entonces, tenemos:

- Los que se quedan dentro del sistema toda su vida, quejándose todos los días.
- Los que se alejan del sistema, en un acto heroico y de rebeldía. Pero sucede que muchas veces, son los que luego viven de los que sí se quedan en el sistema, pero pueden decir orgullosos que no están en él. Puede suceder también que nadie se ofrezca a hacerse cargo de ellos, entonces se pasan su vida preocupados por las mismas cosas que los que sí están en el sistema.

A esas opciones, podemos oponerles una alternativa que conlleva pequeños y, a la vez, grandes cambios. Esta alternativa significa impulsar cambios dentro del sistema, pero a contramano de lo que puede creer la mayoría, el cambio empieza por cada uno.

"Sé tú el cambio que quieres ver en el mundo"
Mahatma Ghandi

Lo que queramos ver en el mundo, debemos dárselo al mundo. Tenemos que empezar por nosotros mismos, desde el lugar que nos toca estar: nuestra familia, nuestro trabajo, el grupo de amigos, lugares de influencia, en el deporte, etc. No esperemos que el sistema cambie. El sistema somos cada uno de nosotros. Prediquemos con el ejemplo y nos quejemos menos. Menos críticas y más hechos. Si hay valores y principios que nos gustaría que los demás tengan, empecemos por ponerlos en práctica nosotros. Sin condiciones, sólo actúa. Si nos gusta el trato respetuoso por parte de los demás, no esperemos para comenzar. Si nos gusta compartir con gente positiva, comencemos por ser una de esas personas. Vivimos una vida esperando recibir antes que dar. ¿Hasta cuándo?

Debemos ser capaces de emprender los cambios que queremos ver. A veces pensamos que emprender sólo está relacionado a ser protagonista de un acometimiento económico, pero me gusta hablar de emprender los cambios dentro de los ámbitos en los cuales participamos. Cuando podemos empezar a cambiar interiormente y dentro del sistema, vemos la capacidad de contagio que tienen esos pequeños gestos. Si somos constantes, en poco tiempo los demás miembros del "subsistema" comenzarán a cambiar también. El poder de transformación si cada uno aporta su granito de arena es inimaginable. Los grandes cambios siempre parecen pequeños al principio.

Aunque parezca extraño, entre esa gente que se queja de manera continua hay mucha que es exitosa. Se quejan del sistema que le sostiene el éxito. Se quejan hasta de las personas a las cuales "les deben el éxito". En vez de quejarnos tanto de todo –aun cuando tengamos razón–, debemos empezar por agradecer todo lo que tenemos, tomando como punto de partida lo más importante, lo que no es material. La vida no se trata de tener razón, se trata de ser feliz, y la gratitud nos acerca a la felicidad.

Salir del sistema es escaparse, y esa es la posición más cómoda que podemos tomar. Tal vez venga motivada por el temor a la responsabilidad que implica ser protagonista, pero quejarse continuamente de todo no soluciona nada tampoco. Tenemos que animarnos a emprender los cambios que queremos ver. No es necesario que todos seamos presidente, ni CEO, o alguna máxima jerarquía. Desde el lugar que ocupamos, podemos aportar a mejorar el sistema. No importa lo que hagan o no hagan los demás. Es un desafío personal, más allá de lo exterior. Es el compromiso de cada uno con la posibilidad de hacer del mundo un mejor lugar para vivir. Un lugar sustentable para nosotros y para los que vendrán.

Sólo si hacemos los cambios necesarios dentro del sistema, haremos de este mundo un lugar sustentable para vivir.

Cambiar sin cambios

Sí, parece imposible o, al menos, contradictorio, sin lógica. Lo imposible tiene que ver con que siempre esperamos que algo exterior cambie para recién considerar cambiar nosotros. En cierta manera, condicionamos nuestro desarrollo y crecimiento a cuestiones ajenas, pero la llave para cambiar nuestra historia la tenemos nosotros mismos. Hay cosas que sólo nosotros podemos hacer por nuestra vida. Y así como es una gran noticia, es también una gran responsabilidad, por eso muchos prefieren quedarse en la actitud de queja constante y crítica hacia todo el mundo, el sistema, el país, los políticos, el contexto y hasta la propia familia, que es la posición más cómoda en el corto plazo. Tenemos en contra que abunda la idea de que la queja y la crítica son síntomas de inteligencia o estatus, como si todo el tiempo tuviéramos que demostrar lo que sabemos y poner en evidencia lo que el otro ignora. Y en general, las críticas las hacemos con los hechos consumados. Por eso suelo decir que, con el "diario del lunes", todos tenemos razón y somos especialistas.

En mi experiencia, en el momento más crítico que atravesé, cuando parecía que todo estaba mal y que nada era suficiente, pensé que la solución era cambiar y dar vuelta todo. Sin reflexionar mucho, sólo cambiar, supongo que con la expectativa de que la suerte me acompañaría y vería las cosas de una mejor manera. Como cuando decimos: "cuando suceda X, entonces voy a ser feliz (Y)". Entonces pasan los años y la vida y seguimos en la espera de aquello que nos haga disfrutar el presente, pero seguimos quejándonos de todo, nunca estamos satisfechos. En ocasiones, cuando al fin parece que se alinearon todos los planetas, y que el momento soñado está a la vuelta de la esquina, nos vuelven a correr el arco y sentimos que el universo está complotando en nuestra contra. Pero hay una realidad: si adoptamos esa postura cómoda de esperar que el universo nos provea, siempre vamos a sentir que pasa algo que impide llegar a ese momento sagrado. Por eso, lo mejor que podemos hacer por nosotros mismos y por los demás, es aceptar las cosas y cambiar de actitud ante los hechos. Debemos pasar de la actitud crítica full time, a una actitud positiva y detectora de oportunidades, pero no de cualquier oportunidad sino de aquellas que nos hacen disfrutar la vida, desde lo sencillo hasta lo más sorprendente.

En mi caso, cuando entendí que mi actitud era el problema de fondo, puede ver lo mismo pero diferente. Como si me hubiesen dado otros anteojos. Y no cambié ni el trabajo, ni la casa, ni la familia, ni los amigos, nada significativo. Pero adoptar una posición positiva, me ayudó a enfrentar mis problemas desde otra perspectiva. Desde un balcón con una mejor vista.

Por ejemplo, en uno de mis trabajos, se trabajaba los sábados por la mañana hasta el mediodía, algo que me producía fastidio. Aunque seguramente los que trabajan los sábados a la tarde y domingos estarían felices de tener mi horario, para mí significaba un esfuerzo sobrehumano. Para sobreponerme a esa situación realicé algunos cambios: comencé por vestirme más relajado, luego adopté la costumbre de levantarme un poco más temprano para desayunar afuera, en algún lugar que me causara placer y me ayudara a arrancar el día de una mejor manera. Más adelante, modifiqué mi agenda laboral de los sábados, con algunas tareas más internas y sin presionar al equipo, y me distendí un poco más en las formas, en el trato, a veces llevando algo rico para compartir con los demás. Así, los sábados nunca más fueron los de antes, y hasta en cierta manera comencé a disfrutarlos. No cambié de trabajo, no dejé de ir los sábados, sólo cambié la actitud y lo demás vino solo.

Todos los cambios que necesitamos, cuando adoptamos una actitud positiva, vienen solos. No sólo por una 'ley' de atracción que funcione independientemente de nosotros, sino porque esa mejor versión de nosotros mismos atrae a otros que también desean participar y acercarnos buenas oportunidades.

No debemos esperar para hacer aquello que sabemos que tenemos que hacer, ni condicionar nuestra felicidad al contexto o a lo que hagan los demás. Sólo nosotros somos responsables y autores de nuestra historia. No es necesario que pase nada para disfrutar y ser feliz, con que nosotros nos dispongamos a actuar de manera diferente ante las eventualidades cotidianas es suficiente.

Se trata de valores

No existe el verdadero éxito sin valores. Una frase que solía repetirme cuando era chico es que, en el corto plazo, podía parecer que las malas personas tenían mejores resultados, pero que a la larga, la gente de bien siempre triunfa. Y el triunfo no es sólo dinero.

El éxito sin valores no es éxito, sólo es una desviación temporal y circunstancial. Por eso, aquellas personas que llegan a la cima sin los cimientos necesarios, duran poco tiempo allí. Y la caída suele ser más profunda que el lugar de donde venían.

En una entrevista a Howard Gardner, neurocientífico y psicólogo de la Universidad de Harvard, le preguntaron si es posible ser excelente como profesional pero 'un mal bicho' como persona. Gardner respondió: "No, porque no alcanzas la excelencia si no vas más allá de satisfacer tu ego, tu ambición o tu avaricia. Si no te comprometes, por tanto, con objetivos que van más allá de tus necesidades para servir las de todos. Y eso exige ética".

Estoy convencido de que en todos los ámbitos (personal, familiar, social, político) el mayor problema es la falta de valores y que esta pérdida se acentúa con el paso del tiempo. Pareciera ser que hacer lo correcto no vende, más aún, es foco de burlas. Gardner comenta que, de acuerdo con sus investigaciones, "los jóvenes [de este tiempo] aceptan la necesidad de ética, pero no al iniciar la carrera, porque creen que sin dar codazos no triunfarán. Ven la ética como el lujo de quienes ya han logrado el éxito".

Personalmente, no concibo el éxito sin valores. Podemos tener un resultado positivo parcial en una actividad o en un ámbito de la vida, pero el éxito es otra cosa. Las personas exitosas influyen en las demás, y por ende su mayor legado son aquellos valores que transmiten. La honestidad, el esfuerzo, el trabajo, la humildad, la austeridad, la sinceridad, la constancia, entre otros valores, son la llave a un mundo mejor. A una sociedad mejor. A una familia mejor. A una vida mejor. Es una decisión que debemos tomar cada día, en cada paso. No es cuestión de corto plazo, no es sólo una cuestión 'de llegar', sino de cómo queremos llegar, qué herramientas utilizamos, cuál es el camino que queremos transitar.

Ir en contra de nuestra voz interior, dejando los valores de lado, nos lleva a cometer errores que pronto muestran sus consecuencias. No es necesario dejar de ser uno mismo para que los demás nos acepten. Quienes no nos incluyen o aceptan tal como somos, simplemente no son las personas indicadas para nosotros. No podemos resignarnos a hacer las cosas que los demás esperan; debemos ser auténticos y sinceros con nosotros mismos para no defraudarnos por complacer a otros.

En ambientes donde el resultado es lo primordial (el trabajo, los negocios), pareciera ser más difícil sostener una conducta guiada por valores. La frialdad de los números, la tentación del poder, y las situaciones de estrés por la presión de alcanzar un resultado, pueden ser objeto de tentación. Por eso me parece fundamental tener algunas ideas como guía:

· Recordar siempre de dónde venimos y cuánto nos costó llegar adonde estamos. Eso tiene un gran contrapeso a la hora de pensar si realmente pondríamos en riesgo todo lo que conseguimos.

- Pensar que alguna vez estuvimos o podemos estar en una situación de inferioridad y analizar cómo nos habría gustado o nos gustaría que nos traten.
- Tratar a todas las personas con el respeto que se merecen por el sólo hecho de ser personas, sea cual fuese su situación o jerarquía. Todos merecemos un trato digno y respetuoso.
- Escuchar nuestra voz interior, nuestro corazón, seguir nuestros principios. Los valores están dentro nuestro. Hay que mantenerlos.

Todos podemos contribuir, dentro de nuestro ámbito de influencia, para hacer de este mundo un mejor lugar para vivir. A veces pensamos que no vamos a solucionar nada, y puede que sea así, pero es reconfortante tener la conciencia tranquila. Cuando hablamos de valores, hablamos de acciones. Se demuestra con el ejemplo, no sólo con las palabras. El ser y parecer aquí adquiere gran relevancia. Cuando seamos capaces de vencer nuestros prejuicios sobre lo que dirán los demás, tendremos gran parte de la batalla ganada.

Un mundo sin valores,
será a la larga un mundo perdido.

Liderarse uno mismo

"No pretendan ser líder de ningún equipo, si no pueden liderarse a ustedes mismos". Así comenzó la exposición en un curso de Liderazgo que realicé hace un tiempo. Solemos pensar el liderazgo principalmente desde la influencia en las demás personas, en el equipo. Pero el liderazgo personal es fundamental si queremos ser buenos líderes.

Como dije en otras oportunidades, el éxito nos brinda la posibilidad, entre otras cosas, de tener algún poder de influencia en los demás. Pero dependerá de cómo utilicemos ese poder de influencia para lograr la autenticidad de ese liderazgo; es decir, para ganarlo realmente y que nos lo reconozcan. Si no podemos ejercer una influencia real en nosotros mismos, será difícil lograrlo en los demás.

Mi experiencia fue que, al haber llegado al lugar que siempre había querido tener, sentí satisfacción, por una parte, porque tuve que superar varios desafíos para tenerlo; pero por otro lado, no la pasaba bien, no lo disfrutaba. En aquel tiempo me esforzaba en influir en los demás, en llegar a ellos, pero me salía de una manera muy forzada, con mucho estrés y presión. No se trataba de una cuestión de resultados, porque los números eran aceptables, pero no lo estaba disfrutando. De hecho, llegué a enfermarme y a dudar de mis capacidades. La situación me obligó a evaluar seriamente mi deseo de ser líder; tal vez no era para mí. A raíz de lo mal que lo pasaba, fui perdiendo confianza.

Por eso, cuando escuché aquella frase en la clase inaugural, entendí que quizás cumplía con el puesto y con los resultados, pero lo estaba pagando a un precio muy caro, con mi propia salud, y realmente no estaba dispuesto a seguir haciéndolo. Pero tampoco iba a rendirme. En aquel tiempo me sentía cansado, estresado, colapsado. Volvía del trabajo sin ganas de hacer más nada. Entonces empecé a hacer pequeños cambios, que de a poco fueron repercutiendo en lo personal y en mi trabajo. Las principales variables sobre las que me parece oportuno prestar atención son estas:

Alimentación: Debemos comer más sano, ya que repercute directamente en nuestra salud. Si queremos que nuestro cuerpo funcione lo más cercano al 100%, tenemos que brindarle el mejor combustible. Te sugiero consultar con un especialista si es necesario. A priori, incorporar más verduras, frutas y agua en nuestra dieta, siempre viene bien.

Actividad física: La medicina en general recomienda realizar actividad física al menos 2 o 3 veces por semana. Para mantener la constancia lo ideal es elegir la que más nos guste: correr, hacer trekking, andar en bicicleta, ir al gimnasio, practicar algún deporte. Debemos convertirlo en un hábito de vida.

Formación continua: La apertura a nuevos conocimientos puede hacerse desde la teoría o desde la práctica. Tener éxito no significa saberlo todo. Debemos estar abiertos a nuevas capacitaciones, a nuevos conceptos, a nuevas maneras de hacer las cosas. De la misma manera, ayuda a cuestionarnos a nosotros mismos sobre por qué hacemos las cosas de la forma en que las hacemos, y preguntarnos cómo podemos ser más eficientes en nuestras actividades.

Espiritualidad: Si estamos en paz con nosotros mismos, lo estaremos con los demás. Esto es muy importante y se nota en el trato con los otros. Debemos buscar la paz interior, y para hacerlo también podemos recurrir a diferentes posibilidades: religión, meditación, yoga, terapia, salir a caminar, son algunas; lo importante, nuevamente, es que podamos sostener esa actividad con constancia. Abordar nuestra espiritualidad resulta útil para manejar el enojo, la ansiedad, las reacciones desmedidas, los malos pensamientos, el no estar presentes y todas aquellas respuestas de nuestra psique que influyen en nuestros comportamientos de manera negativa. Para mí la paz interior es la tranquilidad que tenemos con nosotros mismos, el saber que estamos dando todo lo que podemos, que estamos haciendo todo lo que está a nuestro alcance, para que las cosas salgan de la mejor manera y no podamos reprocharnos nada, independientemente de los resultados.

Relaciones: Es muy importante mantener relaciones sanas de pareja, familia y amigos. Los afectos influyen notoriamente y de forma positiva en nuestra vida. Por eso, debemos tomar las decisiones necesarias para que esas relaciones afectivas sean positivas. De nuestra parte, además, debemos aportar a esas relaciones actitudes de humildad, generosidad y sinceridad.

Trabajo: Para las personas exitosas, el trabajo o actividad principal es una parte muy significativa en su vida, y eso es totalmente entendible. Pero eso no significa que puedan llevarse los temas del trabajo a todos lados. En el tiempo que le corresponde a su actividad, deben dejar su mayor potencial y dedicarle el mejor esfuerzo; pero una vez terminado ese tiempo, está el resto de la vida para ser vivida. Es el momento que disponemos para aceptar el riesgo de vivir la vida.

Descanso: Hay momentos para hacer cosas, y otros momentos para descansar. Como siempre digo, "debemos dejar pasar algunos trenes". Nuestro cuerpo necesita un óptimo descanso para poder rendir al 100%. A veces, nos dejamos llevar por tantos compromisos que no nos damos el tiempo que necesitamos para recargar las pilas, por eso es determinante la capacidad de decir no a ciertos eventos o compromisos que pueden quitarnos una energía que no tendremos tiempo de reponer.

Liderar es primero liderarse. Debemos empezar por nosotros; no pretendamos de los demás lo que no podemos lograr en nosotros mismos. Debemos sincerarnos y hacer, de una vez por todas, lo que sabemos que debemos hacer pero postergamos. Reconocer aquello que tenemos que mejorar e intentarlo con todo nuestro ser. Escondernos en jerarquías y títulos no sirve; debemos abrirnos a mirar hacia adentro nuestro para conocernos y entendernos. Es un viaje, una linda aventura. Es un proceso muy gratificante y no depende del resultado. Es mirarse al espejo y al fin verse. Y hasta abrazarse. Es un camino donde podemos perdernos, pero para encontrarnos.

El mejor viaje está dentro de nosotros mismos.

Pensamientos positivos

Los resultados de algunas investigaciones que se propusieron entender cómo percibimos y qué conciencia tenemos de la realidad, indican que ésta no es igual para todo el mundo, sino un producto elaborado y subjetivo que depende de la interpretación de cada uno. No vemos lo que vemos, sino que más bien interpretamos lo que vemos. Y a esa interpretación la hacemos con nuestra historia, cultura, valores, ideología, costumbres y nuestros pensamientos. Por eso, ante la misma situación surge gran variedad de visiones, algunas que se complementan y otras que se oponen.

Una visión que nos viene de la difusión del sistema económico capitalista –por la necesidad de mantener activos a los consumidores con la adquisición de nuevos productos– es la mirada generalizada de la sociedad sobre aquello que le falta, que en el fondo implica una percepción negativa de la vida. En líneas generales, el capitalismo trae inscripto en su planteo nuestra constante sensación de falta, de vacío, de necesidad de algo más (por sobre todo de naturaleza material) para alcanzar la felicidad plena. Bajo estas condiciones, somos expertos detectives para descubrir todo lo que nos falta. Pero, a decir verdad, ¿cuántas veces en la vida agradecemos por lo que tenemos? Deberíamos comenzar a pensar en positivo sobre lo que tenemos, y no me refiero sólo a objetos.

Volviendo a la interpretación que hacemos de los hechos, considero importante ampliar la visión de lo que nos sucede y no ponerlas bajo la lupa reducida de lo positivo y lo negativo; todo en la vida tiene una interesante variedad de grises. Lo positivo y lo negativo de las cosas depende sobre todo del lente con que las miremos. Enfocarnos en el costado positivo nos proporciona más confianza y motivación para modificar lo demás. Y cuando no hay aspectos positivos para resaltar, nos queda el aprendizaje.

Me sucedía hasta hace un tiempo que cuando me preguntaban "¿cómo estás?" yo parecía encontrar siempre alguna razón para no estar del todo bien. Hoy respondo "excelente", "impresionante" o "increíble" y se me ríen, pero doy por supuesto que les alegra que les conteste que estoy así. También, a medida que mi actitud comenzó a ser más positiva, gente de mi entorno se comenzó a contagiar.

Estamos rodeados permanentemente de la disconformidad y la crítica sin valor agregado, como si esas actitudes ayudaran a solucionar los problemas. Pero si cambiamos los pensamientos, podemos cambiar la realidad. El modelo neurocientífico dice que podemos cambiar en cualquier momento de nuestras vidas. Cambiamos nuestro cerebro con cada nuevo pensamiento, con cada nueva experiencia. Por eso es importante que pensemos a dónde queremos ir, cómo queremos ir, con quién queremos hacerlo y qué equipaje llevar. No por imaginarnos, proponernos y poner en práctica una actitud positiva, vamos a dejar de ser conscientes de nuestros pies y de la tierra que pisan, pero si queremos construir, va a ser más práctico hacerlo desde lo que tenemos que desde lo que nos falta.

Nuestros pensamientos son el presente. La manera de encarar cada día tiene mucho que ver con cómo lo vivamos, si disfrutándolo, sufriéndolo o con indiferencia. Nuestra capacidad de encontrar soluciones se incrementa si mantenemos una actitud positiva, así que al fin y al cabo depende de nosotros.

Los pensamientos atraen el futuro. Un mejor presente, con una visión optimista de la vida, nos proyecta un mejor futuro. Esa plasticidad de nuestro cerebro vale para toda la vida. A veces no tenemos claro qué queremos para más adelante, pero aunque no sepamos concretamente cómo materializar nuestros deseos a largo plazo, sí podemos dar comienzo con nuestras emociones. Los caminos se van a ir abriendo de a poco y en el momento justo. Piensa y sueña. Y sueña grande. Sueña eso que te desvela. Sueña eso que te sirva de motor en tu vida. Tu cerebro hará el resto, porque si lo podemos pensar, lo podemos lograr.

Conozco gente exitosa negativa. En todos los casos, no veo que disfruten del éxito; más bien, parecen renegar de él como si quisieran perderlo. De hecho, también veo cómo lo pierden. Tiran por la borda lo que tanto les costó conseguir, como si nada fuera suficiente. Luego viene el lamento y la nostalgia por esos "tiempos mejores" (que, por esa actitud negativa, no lo eran tanto en su momento). Pensar en positivo es también disfrutar de lo que tenemos y valorar aquello que conseguimos. A veces sucede que le quitamos valor a lo que hemos logrado, y no reconocemos cuánto vale hasta que lo perdemos. Mi sugerencia es que no esperemos a perder lo que tenemos, para valorarlo positivamente.

Tu vida será de la misma calidad que tus pensamientos.

Invertir en autoconocimiento

¿Cuántas veces compramos cosas que después no utilizamos? ¿Cuántas veces sentimos que necesitamos algo con urgencia, y luego de comprarlo no sabemos ni para qué lo queríamos?

En el mundo actual, la economía está pensada y diseñada para que siempre tengamos la percepción de que nos falta algo. De hecho, las empresas invierten sistemáticamente en provocar nuestra frecuente insatisfacción.

En el tiempo de mi crisis, cuando aún mi enfermedad no tenía diagnóstico, me recomendaron leer el libro de Bernardo Stamatteas *Emociones Tóxicas*, que hoy es uno de mis preferidos. Lo pedí prestado porque, si otro lo tenía, me parecía que haría un gasto innecesario. Pero no quisieron prestármelo, y me dijeron que luego de leerlo entendería el por qué.

Aún en la librería, mientras leía las primeras páginas al lado de la batea, entendí de qué me hablaban los que me habían 'mezquinado' el libro: era muy saludable invertir en mí. Sentir que me estaba ayudando a conocerme mejor. Así que compré el libro y de esa manera empecé a cambiar mi vida. Desde entonces, nunca dejé de tener un libro de lectura a mano, y a continuar invirtiendo en conocerme. Comencé a meditar, a hacer terapia, cursos de Coaching y yoga y no sé aún qué más vendrá.

En la "Era del Conocimiento" actual, a veces estamos muy compenetrados en adquirir teorías y herramientas de algunas disciplinas, lo cual seguramente nos mejora como profesionales. Pero ¿cuánto conocemos de nosotros mismos? ¿Somos nosotros mismos? Y antes que eso, ¿sabemos quién somos?

Estoy convencido de que para ser mejores profesionales, para lograr y mantener nuestro éxito, y sobre todo, para ser mejores personas, es fundamental conocernos mejor: nuestras habilidades, nuestros talentos, nuestro potencial, nuestras fortalezas y también nuestras debilidades, nuestras vulnerabilidades, nuestros miedos, nuestras páginas más oscuras. No sólo conocerlas, sino hacer algo con ellas. Si tenemos un talento, desarrollarlo; si algo nos causa miedo, trabajarlo en terapia o con un coach.

Aconsejo fuertemente invertir en uno mismo antes que comprar todo lo que la publicidad y el marketing nos inducen a comprar, pero que no necesitamos. Al fin y al cabo, mientras más conozcamos de nosotros mismos, más lejos vamos a poder llegar. Más heridas vamos a sanar.

Muchas veces construimos, en nuestro entorno, una imagen social que no representa lo que en realidad somos. Para mí viajar es una gran inversión en el autoconocimiento. Ahí me encuentro nuevamente conmigo mismo sin tanto marketing social. Viajar para mí es encontrarme con la versión más parecida a lo que sería, sin tantos condicionamientos externos. Vuelvo a mi centro.

Es interesante animarse a conocerse más. A veces, es un camino difícil al principio, pero la recompensa hace que valga la pena. En uno de las primeras sesiones de terapia, quise abandonar. Sentía que la terapeuta estaba siendo muy dura conmigo; me decía todo lo que había intentado ocultar hasta de mí mismo durante tantos y de una forma muy directa. "No tiene ni una mínima compasión", pensaba. Pero con la consigna de 'no tomar decisiones de largo plazo por emociones de corto plazo", respiré profundo y decidí analizar luego la situación para definir la continuidad o no de la terapia. Me pasé la semana debatiendo conmigo mismo; tenía la sensación de que estaba pagando para que no me traten bien. ¡Encima pagaba! Conversé del tema con mi esposa y ella me preguntó qué cambios sentía haber conseguido desde el comienzo del tratamiento. A medida que enumeraba lo que había comenzado a distinguir en las sesiones y los cambios que estaba iniciando, entendí que debía continuar. Se me hizo muy claro cuando pude poner mis emociones y mi ego a un costado por un momento. En la siguiente sesión, me sinceré con la terapeuta y le comenté lo que había atravesado durante el encuentro anterior y en la semana. Para ella no hubo sorpresa en mi confesión; había leído claramente mis expresiones, pero no aceptó mi pedido de ser más compasiva al decirme algo que yo sé de mí pero no me gusta oír. Lo que hizo, en cambio, fue alentarme a continuar cuando me dijo que la peor parte del tratamiento había pasado. No es fácil, pero cuando superamos las barreras de entrada, nos abrimos a descubrir todo lo que somos.

Mi consejo es no gastar sólo en cosas para el mundo exterior, sino invertir también en el autoconocimiento. Transitar el camino de conocernos a nosotros mismos, es sumamente necesario para entender nuestro punto de partida y enfocarnos en lo que nos gustaría mejorar y desarrollar.

Les propongo responder las siguientes preguntas:

· ¿Cuándo fue la última vez que invertiste en tu crecimiento interior?
· ¿Qué aspectos de tu vida o tu persona quisieras mejorar y desarrollar?
· ¿Cuáles actividades crees que te ayudarían a mejorar en esos aspectos?
· ¿Cuándo vas a empezar?

Meditación presente

Pensaba que la meditación no era para mí. Cuando me cruzaba con esa gente "extraña" que hablaba de la meditación, sinceramente pensaba que vivían en otro planeta. No me despertaba ni curiosidad, así que podía ignorar el tema sin mayor esfuerzo, más aún porque a simple vista no produce ningún resultado numérico ni académico, ni nada que a priori agregue valor al currículum.

Pero cuando empecé a cambiar el chip y cuestionarme algunos pensamientos inflexibles, pude darle lugar a la meditación. Comencé hablando del tema con gente cercana, luego con lecturas sobre el tema, y finalmente me animé a ponerla en práctica.

Vivimos la mayor parte del tiempo pensando en el pasado y en el futuro. Cargados del pasado, nos damos máquina con cosas que ya no podemos cambiar. Sufrimos por situaciones que ya pasaron. El futuro, por su parte, nos produce ansiedad; como solemos decir: "queremos correr antes de saber caminar". Muchas veces sufrimos a cuenta por situaciones que aún no sucedieron y que ni siquiera podemos estar seguros de que vayan a suceder. Siendo así, ¿Cuántas veces no estamos donde estamos? ¿Cuántas veces nos colgamos en reuniones, conversaciones, eventos, etc.? ¿Cuántas veces nos dijeron "lo que pasa es que no me escuchás"?

La meditación viene a traernos al mundo presente de nuevo, una de sus mayores virtudes para mí. Nos ayuda a descubrir lo importante de "estar vivos" en el presente. A estar conscientes en el lugar y el momento actual. A conectarnos con el "ahora". A su vez, ese grado de conciencia plena es de gran utilidad para hacer foco, por ejemplo, en alguna situación compleja donde necesitamos callar el ruido interior que nos perturba. Es una técnica que ayuda a encontrar soluciones donde sólo veíamos problemas.

Al desarrollar la capacidad de percibir, empezamos a disfrutar de las cosas simples de la vida. En mi caso, por ejemplo, comencé a disfrutar de la presencia del sol –que antes me pasaba totalmente desapercibido–, a disfrutar de los aromas, los sabores de las comidas, y de todo lo que podemos percibir con los sentidos.

La meditación nos devuelve la paz interior; nos lleva a nuestro centro. Es un potente recurso para encontrar el equilibrio y definir un camino a seguir.

Pasamos demasiado tiempo corriendo tras compromisos y con horarios ajustados, siempre acelerados. Nunca tenemos tiempo para nada, menos para nosotros. Tomarse esos minutos para encontrarse con uno mismo, bajar un cambio, y buscar la tranquilidad, es algo que hoy considero imprescindible para mantenerme en paz.

Otro beneficio de la meditación es que potencia la creatividad, esa cualidad tan devastada por el mundo actual, donde se educan personas como si fueran máquinas. Cuanto más ruido podamos silenciar, más podremos escuchar nuestra esencia y descubrir nuestro propósito real en este mundo.

Mi intención no es hablar sobre técnicas de meditación, para eso están los maestros. En este capítulo quería apenas mencionar algunas de sus ventajas y cuán útil puede ser. No es un recurso para quien quiere alcanzar el éxito o sólo para quien ya lo haya alcanzado; ambas instancias encuentran provecho en estas técnicas. Se puede comenzar con el yoga o tomando clases sobre meditación, como *mindfullnes.*

Al principio, como todo, cuesta generar el hábito y hasta encontrarle el sentido. En mis primeros intentos, ni siquiera entendía lo que hacía ni para qué, pero la curiosidad me hizo continuar. Luego, con la práctica, alcancé un punto donde sentía la necesidad de encontrarme conmigo mismo.

Es ideal encontrar un momento de tranquilidad para conectarse con el interior. No hace falta mucho tiempo, suelen bastar algunos minutos, y cuando empezamos a percibir esa conexión, nos damos cuenta de que hay todo un mundo nuevo por descubrir.

Tres poderes de la conversación: Preguntar, Escuchar y Repreguntar

En una capacitación de coaching aprendí mucho sobre los tesoros y el poder de la conversación en todos los niveles de relación humana (laboral, personal, etc.). Aprendí, por ejemplo, que debemos distinguir cuidadosamente qué tipo de conversaciones tenemos, con quiénes las tenemos y cuáles son las que nos faltan tener. Además, para que una conversación sea efectiva, necesita de preguntas y –sobre todo– de escucha; al fin y al cabo, de eso se trata el diálogo. Si no las incluyéramos en una conversación, seríamos personas en "función monólogo" que fingen escuchar al otro.

En nuestra vida cotidiana (especialmente si ocupamos una posición de poder y tenemos éxito), vivimos muy pendientes y concentrados en lo que decimos y en lo que respondemos. El fuerte enfoque en nuestro "yo" puede impedirnos practicar el ejercicio de la pregunta y la escucha.

Pero preguntar tiene un fuerte efecto: demuestra interés, pero debe ser genuino y sincero, por supuesto. A modo de práctica, me atrevo a proponerte que comiences preguntando de manera premeditada y aun cuando no sientas mucho interés. Con el tiempo, se descubre que la pregunta es una llave que abre puertas desconocidas y se vuelve en parte natural de toda conversación. Aunque esta forma del diálogo pueda hacernos salir del centro, de cada momento compartido nos llevaremos mucho más que antes.

En cuanto a la escucha, se trata de una escucha activa. Esto implica estar presente en ese momento de diálogo, con empatía hacia el otro. No se trata de escuchar para responder, para interrumpir o para demostrar que se tiene razón. El arte de escuchar exige que sea sin prejuicios, que no significa que debamos compartir opinión absoluta con el otro. El ejercicio que encuentro útil en todo acto de escucha es la repregunta. Cuando escucho, me obligo a repreguntar sin interrumpir de manera constante. De esta manera, la conversación tiene un ida y vuelta y nuestro interlocutor detecta nuestro interés y nos brinda información más valiosa.

Otro tema es con quiénes tenemos las conversaciones. A veces lo hacemos con las personas incorrectas, como si buscáramos palomas mensajeras para lo que queremos decirle a otra persona. Tarde o temprano, esta elección equivocada deviene en "teléfono descompuesto" porque cada persona interpreta a su manera y hace una transmisión de lo que ha interpretado; después, querer aclarar la interpretación del otro puede ser aún peor.

Esto significa que debemos tener las conversaciones con las personas adecuadas. Esa es la mejor manera de solucionar los inconvenientes y acercar las posiciones. El diálogo, sobre todo cuando hay disidencias, es el puente para el camino de la solución. Y en la vida, tanto laboral como personal, debemos buscar soluciones antes que problemas.

Están, también, las conversaciones que nunca tenemos. Estas son las peores porque nos cargamos de pensamientos y sentimientos negativos que nos consumen día a día. Incluso, muchas veces creamos nuestras propias historias (¡y con cuánta creatividad!) imaginando y suponiendo las ideas, acciones y opiniones de los demás. Por eso, cuando tenemos algún problema con alguien o necesitamos dilucidar alguna duda, debemos generar la conversación que corresponde, con la persona indicada, en el contexto adecuado y en el momento oportuno. Esto ayuda a sanar los pensamientos y emociones, a mejorar los vínculos, a liberarnos de mochilas innecesarias, a buscar soluciones. Todas las consecuencias son positivas, porque incluso si escuchamos algo que no nos agrada el aprendizaje será aún mayor. Aunque al principio nos cueste, luego lo sentiremos hasta necesario.

Robert Waldinger realizó una investigación durante 75 años para sentar las bases científicas de la clave de la felicidad. El resultado del estudio que había iniciado en 1938 concluyó que factores como el dinero y la fama (para nosotros, claros indicadores de éxito) no hacen a la felicidad. ¿Cuál es la clave de la felicidad entonces? Las relaciones humanas saludables y constructivas. Tan simple y tan complejo como eso. Las conversaciones son una de las llaves para mejorar estas relaciones, pues hacen que crezcan y se mantengan, que las sintamos y las disfrutemos. No esperemos para tener esas conversaciones que sabemos que tenemos pendientes. No esperemos para sanar esas relaciones que lo necesitan. Siempre será mejor que quedarnos con la eterna duda de lo que hubiera pasado si solamente nos animábamos a escuchar al otro.

Aprender a “soltar”

Es frecuente que hoy escuchemos decir a las personas que debemos “soltar” algo. ¿En qué consiste, brevemente, ese soltar? En aceptar que ya no podemos revertir una situación determinada. Se habla de soltar justamente porque no hacerlo nos mantiene en un pasado inmodificable que nos duele, a un sentimiento o a emociones que nos siguen lastimando. ¿Cuántas veces nos quedamos “atados” en alguna situación que ya pasó, que ya no podemos cambiar? ¿Cuántas veces nos quedamos atrapados en el pasado, con prejuicios y pensamientos que ya no tienen nada que ver con nuestra realidad actual? ¿Alguna vez te ha costado “dejar ir” una etapa importante de tu vida?

En lo personal, “soltar” es una de las cosas que más me cuesta. Por ejemplo, cuando me quedo con la sensación de que podía haber actuado de otra manera ante una situación, cuando cometo algún “error no forzado”, cuando reacciono sin filtro, etc. Son aquellas situaciones que ya pasaron y que no se pueden modificar. Aunque no es una novedad decir que el pasado no se puede cambiar, a veces actuamos como si no lo supiéramos. Además, si no superamos esas situaciones negativas, perdemos el foco en nuestro presente y tenemos más probabilidades de que en el futuro nos lamentemos por esas acciones del ahora.

Por supuesto que las reflexiones sobre el pasado con objetivos de aprendizaje siempre son bienvenidas. En general, aprendemos mucho más de los errores y de las crisis que de los éxitos. Pero si queremos realmente construir en base a esas circunstancias, es muy importante que lo abordemos en el momento indicado, apenas el tiempo que sea necesario, y sin dejar de mirar el lado positivo de las cosas. Porque, a mi entender, no se puede construir sólo desde lo que nos falta, sino que debemos hacerlo a partir de lo positivo que tenemos.

Existe también la idea de que “soltar” se refiere a cuestiones negativas: errores, comportamientos que no nos satisfacen, momentos de crisis, etc. Sin embargo, a veces sucede que también nos cuesta soltar cosas que vienen siendo positivas. En situaciones de éxito, por ejemplo, nos aferramos a los conceptos, prácticas y conductas que nos llevaron a conseguirlo. Pero puede suceder que aquello que funcionaba perfecto como una fórmula matemática, mañana ya no lo haga. Entonces debemos aprender a soltar también lo que fue positivo. Esto cuesta aún más, pero es fundamental reinventarnos en los ámbitos en los que tenemos éxito. Debemos desarrollar la flexibilidad para adaptarnos a los nuevos tiempos.

Esta resistencia nos puede encontrar en cualquier circunstancia de la vida, como por ejemplo con los grandes cambios que implica un cambio de etapa. En mi caso, me costó mucho aceptar que habían terminado las etapas que fueron muy gratificantes para mí: la escuela primaria, el secundario, la vida de soltero, la de la pareja sin hijos. Todas fueron importantes y en cada una de ellas hubo mucho aprendizaje y experiencias para las que no hay MBA. No aceptarlo nos encarcela en una máquina del tiempo inmóvil, como si eso fuera posible. Seguramente, esta reacción tiene que ver con el miedo que produce lo desconocido, el futuro incierto: ¿lo que está por venir será tan bueno como lo que tenemos ahora? Debemos enfocar nuestro pensamiento hacia la idea de que “lo mejor está siempre por venir”.

Cuando finalmente soltamos, nos sacamos esas mochilas innecesarias de nuestra vida. Permitimos que nuestras acciones fluyan, que la vida misma fluya. Dejamos de preocuparnos por cosas que ya pasaron e incluso por las que aún no sucedieron. “Dejar fluir” es un ejercicio para romper las estructuras y que debemos practicar a menudo. En mi caso, en que soy bastante estructurado, lucho cada día por cambiar esquemas, por animarme a salir de los movimientos del manual.

Liberarnos de aquello que nos frena, tanto si son factores externos como internos, nos hace sentir más livianos y nos permite llegar más lejos.

Soltar y dejar fluir.
La vida nos dará todo lo demás.

Las finanzas también importan

Me pareció oportuno incluir este capítulo. Sé que venimos hablando de actitudes, de cambios internos, y restándole importancia al éxito asociado con la prosperidad económica. Y en parte, aunque este tema habla de economía, quiero reforzar la idea de que éxito, dinero y felicidad no van de la mano.

Son numerosos los ejemplos de personas exitosas en quienes su éxito no se corresponde con su situación económica-financiera. En ocasiones, el manejo desordenado de las finanzas personales termina atentando y destruyendo ese éxito y hasta último momento les cuesta reconocer el problema. Evidentemente, no se puede negar que la buena administración de los recursos y gastos es muy importante para obtener –y sobre todo mantener– una determinada calidad de vida. Y también el éxito.

En mi opinión, el sistema de educación debería contemplar la enseñanza de conceptos de administración financiera básicos desde los períodos iniciales. Veo muy importante que los frutos del esfuerzo de las personas puedan ser direccionados de manera eficiente para cumplir sus objetivos. Pero entiendo que en un mundo capitalista, donde se fomenta el consumo irracional, no es prioridad en la agenda.

Como contador de profesión, y dedicado en parte a las Finanzas, tengo mucho para decir en este tema, pero la intención de este libro no es transmitir conceptos técnicos complejos, sino ideas y experiencias generales, para que luego cada uno analice lo que aplica en su caso.

Planteo una situación hipotética. Después un tiempo y como fruto del esfuerzo (o no) el éxito llega a nuestra vida y, en consecuencia, nuestros ingresos aumentan. Por lo tanto, nuestra capacidad de compra crece y comenzamos a consumir cada vez más. Al fin podemos comprarnos, con nuestros propios medios y sin tener que consultarle a nadie, lo que siempre anhelamos. La satisfacción que nos genera –aunque sea efímera– nos inyecta la motivación para seguir trabajando duro. No es necesario que hayamos pasado por grandes carencias para que esto suceda. En mi caso, durante años quise adquirir cosas que mis padres no estaban en condiciones de complacer; pero sé que de haber estado en condiciones, tampoco lo habrían hecho. De manera que cuando comencé a tener mis ingresos, inicié una carrera casi eterna para ponerme al día con todo lo pendiente. Me tomó varios años controlar esa necesidad autogenerada.

De esta forma, entramos en un círculo vicioso de nunca acabar, porque ganamos más y gastamos más también. Entonces, como en una reacción en cadena, necesitamos ganar aún más y –¡sorpresa!– surgen "nuevas necesidades". Se conjugan, entonces, muchos factores: el dictado capitalista de adquirir siempre más cosas y la última novedad, consumir por encima de nuestras posibilidades reales, la apariencia y los mandatos sociales que asocian la posesión con el éxito. Si pensáramos en serio al momento de comprar algo nuevo, si lo estamos haciendo por nosotros mismos o por una cuestión social, nos sorprenderíamos.

Otra cuestión que no debemos desestimar es que quienes viven al límite financieramente atraviesan una compleja situación de estrés. Aunque pueda parecer un tema menor, la inestabilidad de las cuentas hace ruido y obstaculiza la creatividad para la actividad que realmente nos gusta, nos saca de foco de nuestros objetivos prioritarios.

Como mencioné antes, atravesé por esta situación por algunos "gustos" que no me había podido dar cuando era más joven. Como en la tradición familiar el manejo financiero era algo desordenado, me costó mantener disciplina. Pero cuando me independicé, incorporé nuevos hábitos. Aprendí que gastar por debajo de los ingresos era una tranquilidad sin precio; que el ahorro es importante; que si somos constantes en el ahorro –aun cuando no sea un monto importante–, los objetivos vienen solos. Entonces empecé a vivir de una manera más estable y saludable. Eso quiero transmitir, la importancia de no dejarnos llevar por el círculo vicioso de "a más ingresos, mayores gastos". Por eso, me tomo la libertad de incluir algunos consejos para mejorar la gestión financiera:

1) Preparar todos los meses un presupuesto con ingresos y gastos. Algo sencillo, dos columnas, esto nos permite conocer en qué gastamos el dinero. El requisito principal es ser sincero cuando lo hacemos. Y no olvidarnos de la constancia: todos los meses, al inicio. Si luego puedes hacer un seguimiento semanal sería lo mejor.
2) Determinar un ahorro mensual, en lo posible entre el 20 o 30% de los ingresos. Si no se puede llegar a ese porcentaje en el corto plazo, que sea el objetivo a alcanzar. Mientras tanto, así sea de a un peso, suma. Lo más importante en un comienzo, es no gastar por encima de los ingresos. Luego, con el ahorro, hay varias alternativas: plazo fijo, moneda extranjera, fondos comunes de inversión, bienes muebles, inmuebles, etc. Esto es para otro libro, pero lo importante es consultar y analizar lo que nos quede más cómodo según nuestros objetivos y nuestra tolerancia al riesgo.
3) Al momento de comprar, no dejarnos llevar por el primer impulso. Resulta muy útil tomar distancia y pensar si realmente lo necesitamos. Por ejemplo, salís del local, caminas un rato, y luego vuelves a entrar. Vas a ver que no todo es lo que parece en la primera impresión.
4) Pagar los bienes y servicios que nos queden cómodos, los que podamos pagar de manera holgada. No es imprescindible comprar lo más caro a lo que podemos llegar, debemos pensar en lo que realmente necesitamos. El resultado es una sensación de tranquilidad y de disfrute, porque no debemos pensar en grandes estrategias para pagarlos.
5) Desprenderse de los mandatos sociales, de las apariencias. De comprar por y para los demás. En el mundo de hoy parece un objetivo difícil, pero no es imposible. Tomar conciencia e intentarlo es el primer paso para conseguirlo.

El dinero no es todo, excepto cuando falta. Y si esa falta surge por no tener una conducta financiera saludable, perderemos el foco de manera innecesaria. Mi consejo es no pagar con el precio de la tranquilidad, aquellas cosas materiales que en realidad no necesitamos.

Viaja todo lo que puedas

Debemos dejar de acumular cosas. No es nuevo decir que de esta vida no vamos a llevarnos nada material, pero ciertamente perdemos la concentración con frecuencia cuando de adquirir cosas se trata. Más tarde o más temprano, vamos a quedarnos sin todo ese cúmulo de objetos que llenan nuestros espacios físicos. Y cuando ellos hayan desaparecido, no nos habrán dejado nada valioso en nuestro historial de experiencias y aprendizajes. Entonces, estaremos vacíos.

En cambio, lo que nadie va a poder quitarnos jamás son las experiencias que vivamos. Y los viajes son un gran ejemplo de nuevas experiencias. Suelo repetir que en los viajes me encuentro con la versión más parecida de mí mismo, sin todo el circo que nos rodea. Porque cuando viajo, no tengo que venderle nada a nadie; porque vuelvo a sorprenderme como cuando era niño; porque vuelvo a ser un novato en las situaciones cotidianas; porque conozco a gente de distintas culturas y con diferentes realidades; porque tomo conciencia de cuán pequeños, únicos y distintos al resto somos; porque vuelvo a sonreír seguido. Cuando viajo siento nuevos sabores, aromas, y hasta el sol y la luna parecen distintos. Vuelvo a perderme y a encontrarme conmigo mismo. No importa el paisaje, montaña, playa o ciudad, viaja todo lo que puedas, a tu manera y haciendo lo que te gusta. No es necesario que hagas un viaje largo ni lejos; a veces, cambiar el aire está más cerca de lo que pensamos.

Si algo no podemos recuperar, es el tiempo. Eso lo convierte en un tesoro escurridizo y finito, aunque vivamos la mayor parte de nuestras vidas como si fuera eterno. Por eso aconsejo con tanta frecuencia viajar todo lo posible y conocer nuevos lugares, no sólo volver a aquellos que sentimos como nuestro lugar en el mundo, sino abrirnos a las experiencias diferentes que nos traen otras geografías. Si perdemos el miedo a sentirnos inseguros, incómodos y fuera de nuestra zona de confort, nos abrimos a un mundo entero por descubrir.

Los viajes son disfrute, pero también aprendizaje. Nos permiten descansar de las presiones. Nos ayudan a poner la mente nuevamente en blanco para vaciar el vaso y volverlo a llenar. Me ha sucedido estar en un momento de presión y de poca claridad y, después de un viaje, ver las cosas desde otra perspectiva, menos dramática, con un horizonte de soluciones que antes no veía. Esto es porque en la relajación surge la creatividad, tan importante para conseguir y mantener el éxito. Podría hasta decir que los viajes son una inversión, principalmente de salud mental.

Por razones familiares, económicas y laborales, comencé a viajar ya siendo grande. Conocí la playa cuando estaba más cerca de los 30 que de los 20; me costó llegar hasta ahí, pero me enamoré de ese sentimiento de sorpresa y descubrimiento; de la ansiedad sana y la incertidumbre de qué voy a encontrar; de la magia de romper con la rutina. Esa primera experiencia para mí fue rotunda. Desde entonces, nada fue lo mismo.

Más adelante atravesé una etapa en que planificaba ansiosamente mis vacaciones anuales. Mis quince días de felicidad plena. Vivía trescientos cincuenta días esperando la felicidad. Y por supuesto, no era suficiente. Entendí entonces que la vida misma es un viaje. Nosotros elegimos si vamos a animarnos a cumplir nuestros sueños o no, o si vamos a disfrutar del camino o sólo del destino. Nosotros elegimos si vamos a sentir, a percibir, si vamos a dejarnos atravesar por una experiencia nueva o si vamos a ser turistas fríos imposibles de sorprender, que sólo sonríen para la foto de recuerdo. La vida es el viaje más importante.

Hoy elijo viajar de otra manera. Viajo para sentir, para aprender, para conocer y para conocerme más. Viajo a lugares que siempre soñé ir y también a aquellos que nunca pensé conocer. Y entendí que nunca es tarde para ese viaje que no pudimos hacer antes, y que nunca es temprano para cumplir el viaje de nuestros sueños. No hay mandatos. No hay edades para viajar ni maneras determinadas de hacerlo. Hay un mundo por descubrir y con el que sorprendernos. Las experiencias son el mejor regalo que podemos acumular. Si de algo no vamos a arrepentirnos al final del viaje de la vida, es de vivir.

Viajar rompe los prejuicios que tenemos de este mundo.

¿Qué más quiero?

A menudo escuchamos (y hacemos) la promesa de que al llegar a la meta vamos a parar. Afirmamos que si estamos corriendo es sólo de manera temporal, hasta alcanzar nuestro ansiado objetivo. Cuando nuestro entorno nos reclama atención lo calmamos con la voz de "cuando lo logre, voy a tener todo el tiempo del mundo"; desparramamos, en definitiva, promesas futuras de incierto cumplimiento.

Así estuve yo durante varios años. Corriendo para llegar a un lugar, mientras dejaba mucho para disfrutar en el camino. Y aunque no puedo decir que no he vivido momentos de regocijo, puedo afirmar que me habría gustado detenerme en algunos tramos de la ruta; apreciar profundamente un momento, sin tanta prisa y sin pensar sólo en la foto. Me habría agradado afianzar el vínculo con alguien que valía la pena. Escuchar un poco más, pero en serio. No prometer tanto y cumplir más. Me habría gustado entender entonces que disfrutar el proceso es lo más importante.

A la lógica de esperar a llegar para tener tiempo se le contrapone otra realidad: una vez en destino, queremos más. Es un instinto hasta comprensible, pero ¿cómo respondemos a preguntas tales como?: ¿qué más quiero? ¿es material, estatus o reconocimiento? ¿quiero más lujos? ¿para qué los quiero? Normalmente a esas respuestas les falta creatividad. Todas suelen ser en el fondo "quiero más de lo mismo": más títulos, más casas, más autos (o más caros), objetos que denoten nuestra prosperidad material, como si la prosperidad fuese sólo de esa índole. A propósito de esto, me interesa compartir la visión de John Calvin Coolidge, presidente de Estados Unidos entre 1923 y 1929, sobre la prosperidad. Él expresó lo siguiente con mucha claridad:

> *"Necesitamos cambiar el concepto materialista que afirma que ser una persona próspera es tener un montón de autos y ganar mucha plata. El concepto de prosperidad es más amplio; es que crezcas en todas las áreas de tu vida. Prosperidad no es sólo finanzas, sino que crezcas, que te superes en todas las áreas de la vida, que cualquier persona pueda mirarte y decir: –Te comparo con el mes anterior y me di cuenta de que has crecido y te has superado. Una pareja rica en su relación que posee riqueza interior es capaz de superar cualquier crisis. La prosperidad es solo un instrumento para usar, no una divinidad que adorar".*

Mi elección de vida por supuesto que es seguir creciendo. Pero hoy quiero más salud, más autoconocimiento, más vínculos positivos, más amor, más disfrute a pleno, más entrega, más naturaleza, más humildad, más sueños cumplidos, más valores. En fin, tantas cosas que no son materiales ni de estatus ni de jerarquía. Nuestro fin último, vivir como seres felices, va a estar relacionado mucho más con aquello que no se puede inventariar contablemente.

Sé que manejar la ambición no es sencillo, pero tampoco creo que sea una mala palabra. Hasta la considero necesaria para seguir empujando hacia adelante. El problema es la ambición desmedida, cuando queremos acumular en el sentido material. ¿A quién queremos salvar? ¿A nosotros? ¿A nuestras próximas generaciones? ¿En serio queremos acumular para que disfruten los otros cuando nosotros ya no estemos? Hay personas que, hipnotizadas por la ambición desmedida, van dejando de lado su vida para poder acumular riqueza material. Aquella idea de que van a descansar cuando hayan acumulado una cantidad X de cosas es falsa. Cuando se trata de ambición desmedida, el problema a solucionar es más de fondo. Y además, aun cuando puedan parar al llegar al objetivo material, habrán dejado pasar los mejores años de sus vidas.

Como siempre, es necesario encontrar un equilibrio en las cosas que queremos. Debemos preguntarnos seriamente qué nos interesa conseguir. Por cuáles cosas nos levantamos cada día. Si eso nos hace realmente felices. Para eso debemos dejar el piloto automático que nos exige la sociedad. La vida pasa aunque no nos demos cuenta, y lo hace más rápido de lo que pensamos.

No perdamos la vida corriendo
para conseguir aquello que no nos hace felices.

La automotivación es una lucha

¿Cuántas veces hemos rezongado y echado la culpa a los demás o al contexto por nuestra falta de motivación? Nos quejamos de lo que hacemos, de lo que nos hacen hacer, de lo que hacen o no hacen los demás, de la economía, del clima, de los resultados deportivos. Como si nuestra motivación fuera responsabilidad de otro. ¿Todo eso influye? Por supuesto que sí. ¿Es determinante para nuestra motivación? Por supuesto que no.

La motivación es una lucha interior diaria. Es 'Interior' porque depende de nosotros mismos; es una decisión que tenemos que tomar. Es una 'lucha' porque los seres humanos tenemos una natural inclinación a no valorar lo que ya tenemos. Y 'diaria' porque debemos renovarla cada mañana cuando nos levantamos. Tenemos que salir a buscarla, y no porque estemos insatisfechos por el lugar en el que estamos hoy, sino porque siempre podemos mejorar lo que hacemos. Y no hablo sólo de resultados, sino también a encontrarle sentido y disfrute a lo que hacemos. La buena noticia es que depende de nosotros, así que no debemos esperar nada de nadie; la mala noticia también es que depende de nosotros, así que cargamos con una enorme responsabilidad que no creo que sea conveniente esquivar.

Muchas personas pierden la motivación cuando consiguen el éxito. Cuando llegué al lugar al que quería, dejé de visualizar mi objetivo porque ya no estaba la zanahoria que me servía de guía. El tema es cómo reemplazamos la zanahoria (si es que tiene un reemplazo). ¿Ayuda fijarse nuevos objetivos? Claro que sí. Entonces, ¿reemplazamos la zanahoria por una distinta? Lo que sucede es que ya sabemos lo que se siente cuando la alcanzamos. Ya sabemos que la motivación y la satisfacción por conseguirla son temporales. Entonces es cuestionable si se trata solo de cambiar zanahorias. Y creo que es ahí donde hay que incorporar otra variable: el proceso. Disfrutar del proceso. Porque conseguir la zanahoria es la linda foto del festejo. El tema es la filmación. ¿Qué sentido tiene si no puedes disfrutar el recorrido?

Podríamos enfrentarnos a no sentirnos felices y plenos con lo que hacemos. Situación aún más difícil para quienes son exitosos porque es muy difícil salir de ahí. La cuestión es preguntarnos si somos conscientes de lo que hacemos realmente y cuál es el sentido y el objetivo que perseguimos, porque sucede a veces que no interpretamos nuestro rol en profundidad. En mi caso, pude descubrir que, más allá de mi profesión (Contador) y de mi actividad (Gerente de Administración y Finanzas), lo que realmente me motiva es la gestión de las personas y facilitar su crecimiento, generando un buen clima laboral que colabore con el cumplimiento de objetivos, como así también el desarrollo profesional y personal de los integrantes del equipo. Cuando pude distinguir esto, me di cuenta de que tanto mi profesión como mi puesto eran medios para desarrollar lo que realmente me motiva. Entonces podría haber tenido cualquier otra profesión, cualquier otro puesto de liderazgo, y me sentiría igualmente motivado por el propósito. Esto no significa que mi función no incluya algunas tareas que no son las que más me gustan o me motivan, eso seguro. Pero no pierdo de vista mi objetivo y la razón por la que estoy ahí. Lo que quiero decir es que a veces no es necesario cambiar todo el tiempo de lugar para encontrar la motivación como si fuera algo externo. Yo pude volver a motivarme en el mismo lugar en el que estaba.

También es cierto que a veces hay cosas que sabemos que nos encantan hacer, pero no nos permitimos la decisión ni el tiempo de hacerlas. Por ejemplo, a mí me gusta escribir desde que era niño y a los 10 años ya tenía algunos cuentos y poesías propios. Si en medio de la noche me despertaba con una idea o una frase, me sentaba a escribir. Y las palabras fluían en mí de manera natural, espontánea, sin que yo supiera realmente qué hacía; sólo era consciente de la felicidad que me causaba mi arte. No me importaba que otros leyeran o aprueben mis textos; lo hacía para mí y disfrutaba del proceso. Cuando crecí, ya movilizado por mi gusto también respecto a los números y los resultados, elegí una profesión *a priori* más rentable y dejé de escribir, aunque aún no sé por qué. Tal vez, desde algún lugar juzgué que letras y números no eran compatibles. Hoy me encuentro escribiendo nuevamente y mi felicidad se ha renovado; no espero el éxito para sentirme pleno, estoy disfrutando del camino. Como cuando era un niño. También pude conectar la escritura con el propósito de compartir y ayudar a otros, lo que vuelve a mostrarme que no hay tantas incompatibilidades como falta de decisión.

Pero hay una cuestión sobre la que no quiero engañar a nadie: todos tenemos nuestros días. Somos personas y nos pasan cosas. A veces nos levantamos motivados sólo por existir, y otras veces nos cuesta mantener esa motivación y el foco en lo que hacemos. Puede ser que estemos pasando por alguna situación personal, familiar o laboral difícil y no es sencillo continuar como si nada pasara. Por eso retomo aquella idea de que la motivación es una lucha. Porque tenemos que convivir con todos los factores que componen nuestra vida, mientras el mundo sigue su rumbo y no permite pausas. En esos momentos es cuando más debemos aferrarnos a lo que nos apasiona, porque será nuestro cable a tierra. Si todos los días hacemos cosas que no nos gustan, será mucho más difícil mantener la motivación. Si encontramos aquello que nos genera pasión, el límite seremos nosotros mismos.

La motivación es como el amor.
Es una decisión que debemos tomar todos los días.

Dejar de posponer

"El riesgo más peligroso de todos, es el riesgo a dejar pasar tu vida sin hacer lo que quieres, pensando que tendrás tiempo de hacerlo más tarde".
ANÓNIMO

Solía tener una larga lista de cosas que quería hacer el día que tuviera tiempo; dejaba todo para después, sin plazos ni planes concretos. Esperamos tanto el momento perfecto (cuando tenga tiempo, cuando no tenga problemas, cuando pueda hacerlo "en serio", bla bla bla), que nos convencemos de que alguna vez llegará. La experiencia –que es sabia– me enseñó, en cambio, que esas condiciones perfectas no existen, no existieron y no van a existir. La vida siempre tendrá contratiempos, por eso, a la oportunidad hay que crearla.

¿Quién no ha escuchado (o no ha dicho) frases como: 'me gustaría tomar clases de inglés', 'quisiera aprender canto, baile o pintura', 'comenzar una nueva carrera', 'me encantaría disfrutar del aire libre', 'compartir más con amigos', 'viajar adonde tanto he soñado', 'expresar los sentimientos a quien quiero'? Pero a pesar del convencimiento sobre un proyecto, cuando preguntamos por el "cuándo" sobrevienen las excusas y las dudas. Pareciera que esperamos a jubilarnos, como si tuviéramos una reserva de tiempo a futuro.

Tampoco aquí hay un mandato que cumplir, no hay una razón para posponer nuestros sueños. Si en verdad queremos hacer algo, entonces debemos hacerlo. La única pregunta clave es "¿cuándo empiezo?". Ponerse un plazo es lo fundamental porque comenzar es siempre lo más difícil (y dejarlo, lo más fácil). No necesitamos, aparte, consensuar nuestro deseo con toda la humanidad, sólo debemos hacerlo con nosotros mismos. Al fin y al cabo, somos nosotros los que nos vamos a reprochar en el futuro por lo que teníamos ganas de hacer y no lo hicimos. Veremos que, una vez que hayamos empezado, no recordaremos las excusas que nos detuvieron durante tanto tiempo.

Las personas que transitan el éxito, tan compenetradas en su actividad, esperan y esperan para animarse a hacer eso que vienen postergando. Están siempre muy ocupadas, hay toda una imagen y estructura que mantener y muchos compromisos que cumplir. Pero la verdad es que deberíamos dejar de correr un poco.

Aunque no es posible ponerse al día en poco tiempo porque no podemos hacerlo todo junto, podemos establecer prioridades y tener paciencia. Pero es necesario empezar y dejar de postergarnos. Si queremos algo, entonces podemos, y podemos hacerlo ahora, no cuando la sociedad o las costumbres lo determinen. A nuestro tiempo, no al de los demás. No es necesario pedir permiso ni sentir culpas.

Te propongo una actividad para cerrar este capítulo. Imagina que estás en la recta final de tu vida. Te encuentras solo en algún espacio de tu hogar, cansado porque tus energías ya no son las mismas. Tu cuerpo ya no puede seguir el ritmo acelerado de tu mente. Estás haciendo un balance de tu vida, de aquello realmente importante, y miras para atrás para ver lo que hiciste, lo que fuiste, lo que te quedó pendiente. Seguramente tus gestos, aunque estés solo, reflejen tus emociones. Piensa en cinco cosas que vas a revisar en ese momento, las más importantes, y escríbelas. Piensa en aquellos sueños que vas a lamentar si no intentaste alcanzarlos, en lo que te vas a reprochar si no dejaste todo en el partido de la vida. Por cada una que tengas pendiente, escribe el plazo para comenzar (el más cercano posible) y las acciones concretas que debas realizar.

Este capítulo y este ejercicio tienen como objetivo dejar de posponer. Intuyo que debe generar nostalgia y una profunda tristeza sentir que no hemos aprovechado la vida como lo merecíamos. Si todavía te quedan algunas dudas, te dejo una frase contundente:

Cuando tengas dudas antes de tomar una decisión,
de esas que te cambian la vida,
sólo piensa en todo el tiempo que vas a estar muerto.
De esa manera reconocerás lo finito
de nuestro paso por este mundo.

Cerrando la idea

Como dije previamente, este libro tiene el propósito de cuestionar el concepto social del éxito. Con este libro pretendo que los lectores reflexionen sobre la carrera que corren para llegar a un lugar que puede no ser el indicado o resultar insuficiente. Esto no convierte al éxito en mala palabra ni significa que debamos volvernos conformistas. La idea es mostrar que el esfuerzo debe estar dirigido hacia la realización de nuestros propios sueños y no de los sueños ajenos.

Me parece oportuno insistir en la idea de que no debemos juzgar lo que el éxito significa para cada uno. Cada quien sabe de dónde viene y lo que le costó llegar a donde está. La magnitud del lugar es subjetiva: lo que para algunos es la media, para otros puede ser increíble, y para otros quizás sea irrelevante. Para mi modo de ver, si tenemos un sueño, lo planificamos y lo cumplimos, es un éxito. Lo único importante es que ese sueño nos pertenezca de la manera más auténtica y no que represente lo que los demás esperan de nosotros.

Pero ese éxito debe tener un propósito. Debemos preguntarnos para qué hacemos lo que hacemos, porque de otro modo la inercia nos tirará a seguir haciendo lo mismo y, sin propósito, el éxito es una cáscara vacía.

Para lograr y mantener el éxito es imprescindible la humildad. La humildad de los orígenes. Aquella de cuando estábamos del otro lado del mostrador. Todo lo que nos habría gustado que tengan en cuenta con nosotros, es lo que debemos dar a los demás. En el trato no hay jerarquía ni estatus. El respeto y la cordialidad son para todos.

Debemos escuchar nuestro cuerpo, ese es el límite. Cuando nos da señales de que hay que parar, debemos hacerle caso. El cuerpo a veces es más sabio que la mente y nos habla. La mente siempre quiere seguir, no tiene compasión, y hará que la ambición nos lleve a seguir corriendo. No esperemos a llegar al punto donde las consecuencias sean irreversibles para recién considerar cambiar. La salud está en juego siempre, y sin salud es imposible disfrutar del éxito.

Dejar las culpas y tirar las mochilas innecesarias es otro factor clave. Si dimos lo mejor de nosotros, es lo que realmente importa. Eso debería dejarnos en paz con nosotros mismos. Los resultados dependen de muchas variables, inclusive de la dosis necesaria de suerte. De nada sirve cargar las culpas de los demás, cada uno debe hacerse cargo de lo que le compete. Podemos ayudar, comprender, acompañar, pero no podemos hacer por los demás lo que deben hacer por ellos mismos. Aparte, debemos cuidarnos de no anular la posibilidad de crecimiento de los otros, que también tienen que transitar su propio camino y hacer sus propios aprendizajes.

Mereces el éxito que tienes. Aunque es difícil que alguien alcance el éxito solo (siempre tenemos colaboradores en el camino), el mérito principal es siempre de quien lo logra. Nadie le regala nada a nadie y no todo se paga con dinero.

Tienes que divorciarte del ego. Como en cualquier divorcio, debemos mantener el trato respetuoso con la otra parte. Pero cuando el ego nos domina, es mucho lo que perdemos y sobre todo lo que dejamos de aprender. Aunque pueda ser comprensible que el éxito aumente el ego, nos corresponde trabajar para manejarlo y que no condicione nuestros actos y reacciones. Nuestra autenticidad se manifiesta cuando aplacamos el ego.

Respetar nuestros tiempos. Cada persona tiene los suyos y no son comparables con los de los demás. No debemos hacer caso de todos los mandatos sociales; nos corresponde vivir nuestra vida a nuestra manera, sin consensuarlo todo con los otros. Debemos escuchar y escuchar en serio, pero las decisiones de nuestra vida nos pertenecen y eso no se negocia.

Rodearnos de personas que nos hagan bien, que nos sumen, que nos hagan mejores personas, que saquen lo mejor de nosotros. No hablo de personas condescendientes; un buen amigo nos puede decir algo que no nos resulte simpático, pero su palabra es un aporte a nuestro crecimiento y aprendizaje. Con el éxito, “los amigos del campeón” abundan, y hay que prestar atención para detectarlos. Debemos pensar en positivo y rodearnos de personas que mantienen una postura positiva frente a la vida, frente a los problemas, frente a la adversidad. Hablo de la positividad que atrae cosas positivas. Hablo de la positividad que encuentra la felicidad en las cosas simples de la vida. Y si las personas negativas quieren contagiarnos, ya sabemos que sólo nosotros decidimos si eso nos afecta o no.

Somos nuestra única competencia. Nadie más. El objetivo es que cada día podamos decir: hoy aprendí algo nuevo, hoy ayudé a alguien, hoy tuve un buen gesto con el otro; en fin, hoy soy mejor persona que ayer. Esa competencia es más importante que la que podemos tener con alguien más. El mayor desafío es superarnos día a día.

Aprender a decir “no” y practicarlo con frecuencia. Los demás esperan que respondamos “sí” a todo, que es lo más fácil y tranquilizante (pero para el otro). En algunos casos, hasta puede resultarnos un problema o causarnos una enfermedad. Debemos intentar ser auténticos con nuestras intenciones. Y aunque en la vida hay compromisos y responsabilidades, en la medida de lo posible debemos ser coherentes con lo que realmente queremos hacer y no vivir para complacer a los demás, a costa de nuestra salud y felicidad. Que el éxito no sea un compromiso.

Soltar el control. Esa pretensión de quererlo controlar todo no es posible. Y si lo fuera, aun así no sería sano. Ni para nosotros ni para los otros. Hay situaciones que están fuera de nuestro alcance y otras que no valen nuestro tiempo. Nuestra vida es más importante que tener todo bajo control. Además, debemos permitirles crecer también a los otros, dejarlos que busquen sus propias experiencias y respuestas, y no tapar el potencial ajeno sólo para tener la tranquilidad de que las cosas sean como a nosotros nos gustan.

No oponerse al cambio. El cambio es lo único constante; es ineludible. Y el éxito de hoy, puede no serlo mañana. Nuestra flexibilidad para adaptarnos a los cambios es clave para mantener el éxito. Y eso requiere crecimiento, superación diaria y capacidad de reinventarse constantemente. También debemos animarnos a emprender los cambios en los sistemas en los que nos toque participar y podamos influir. No es necesario pensar en grandes revoluciones; a veces, los pequeños gestos generan un gran contagio y son la inspiración para otros cambios más importantes. Debemos animarnos a perder el miedo de hacer algo distinto.

Apostar por los valores y alimentarlos con el ejemplo. El éxito sin valores será sólo una máscara que algún día deberemos enfrentar. Asimismo, necesita de fuertes cimientos para mantenerse y crecer, y esos cimientos son los valores. Aunque en el mundo de hoy están devaluados y casi en extinción, vale la pena el esfuerzo. El sentido del éxito, a mi entender, está en los valores que transmite. Hay que saber que ese lugar tiene numerosas ventajas y beneficios, pero también significa una gran responsabilidad que no podemos evitar.

Empezar por nosotros mismos. Eso que queremos del mundo, primero hay que dárselo sin esperar nada a cambio. Sin excusas. Dar el puntapié inicial forma parte de una actitud más completa, la de hacernos cargo de nuestra propia vida y de lo que esperamos de ella. Y para eso el autoconocimiento es fundamental. Muchas personas no saben lo que quieren porque no se conocen. No saben lo que les gusta, lo que les apasiona, su propósito en este mundo, su para qué de todos días, hasta dónde quieren llegar, por cuál camino, etc. Lo que hagamos por nuestro autoconocimiento nunca será un gasto, sino la mejor inversión.

Si pensamos en positivo, lo positivo vendrá. Nuestro cerebro nos ayudará a conseguirlo. Los pensamientos generan acciones y las acciones modifican la realidad. A veces digo que somos lo que pensamos y muchas otras veces lo confirmo.

Experimentar la meditación. Aunque sea intentarlo. A veces decimos "esto no es para mí" sin al menos dejar lugar a la curiosidad. Yo me sorprendí con sus beneficios; practicarla me ayuda a encontrar la paz interior cuando estoy con las revoluciones a mil. Permitirnos preguntar, investigar el tema y hacer nuestra propia experiencia amplía nuestra mirada. Es imprescindible estar "en nuestro centro" para decidir nuestras acciones y que no nos ganen las reacciones y los impulsos.

Estamos acostumbrados a hablar. A contar nuestra historia y nuestra verdad de la realidad. Por supuesto, se trata de una visión parcial porque sólo la vemos desde nuestra perspectiva. Por eso es sumamente útil escuchar a los demás para incorporar la mayor cantidad de visiones posibles sobre un tema, que no son sino otras "versiones de la realidad". Practicar el hábito de preguntar, escuchar y repreguntar en función de la escucha a conciencia, nos muestra que el mundo es mucho más amplio y variado de lo que vemos.

Soltar el equipaje que llevamos de más. Todas esas cosas materiales, todas esas culpas ajenas, los rencores, los objetivos a cumplir para los demás, los mandatos sociales a costa de nuestra salud, las personas que no nos quieren bien y que no nos hacen bien, las relaciones traumáticas, los compromisos que no le suman a nadie, las necesidades que quieren crearnos los demás; en fin, todo eso que es innecesario para nuestra vida. Y cuando hablo de vida, hablo de esa vida feliz y plena que todos nos merecemos.

Si me preguntan qué valoro más hoy, es la tranquilidad. La tranquilidad que me permite hacer foco en lo que realmente me interesa, en lo que realmente me hace feliz. Por eso incluyo el tema de las finanzas. Si no administramos responsable y razonablemente nuestras finanzas, perdemos el foco y el esfuerzo en desarrollar nuestro talento. De hecho, podemos perderlo todo. No importa el éxito que tengamos ni el dinero que ganemos. Dedicarle la planificación mínima que necesita nos evitará muchos dolores de cabeza.

Viajar, viajar todo lo posible. Nuestra vida son las experiencias que vivimos y sentimos. Y los viajes son lo más parecido a vivir una nueva experiencia. Y no me refiero a los viajes para las redes sociales (que también los hice). Hablo de los viajes donde estamos dispuestos a conocer nuevos lugares, escuchar y hablar otros idiomas, tratar con personas distintas, encontrarnos y perdernos en situaciones que no conocemos, probar otros sabores, percibir el arte en sus variadas interpretaciones, en fin, hablo de sentirnos vivo. Sentirnos lo más vivos posible.

Preguntarnos con insistencia "¿qué más quiero?". Nos prepararon para que siempre nos falte algo. Para que permanentemente tengamos una necesidad y nunca estemos satisfechos. Y la verdad es que necesitamos mucho menos de lo que parece para alcanzar nuestra felicidad. En realidad, depende de nosotros más que del contexto o de los demás. En algún momento tenemos que parar la pelota, bajarnos del tren, y pensar qué más queremos conseguir. Qué es lo que en serio necesitamos. ¿Es sólo material? ¿O tiene que ver con nuestro interior? ¿En verdad sabemos que más queremos?

La motivación depende de nosotros y es una lucha que debemos dar todos los días. Preguntarnos por el sentido de lo que hacemos, si nos sentimos felices y plenos con eso, animarnos a hacer lo que nos apasiona; a disfrutar del proceso más allá del éxito que podamos alcanzar. El éxito vendrá solo.

Por último, dejar de posponer. A veces, estamos en una situación cómoda o la sociedad nos ve exitosos y nos respeta por nuestros logros. A veces, vivimos la vida que otros quisieran tener pero se trata de una existencia que a nosotros no nos aporta plenitud ni significa cumplir nuestros sueños. ¿Hasta cuándo vamos a esperar? ¿Qué consecuencia esperamos afrontar para cambiar de rumbo? ¿O vamos a esperar a que sea tarde para justificarnos con la falta de tiempo? ¿Vamos a esperar que el lamento sea nuestra única opción? Cuando se trata de buscar la felicidad, debemos afrontar algunos riesgos y tomar decisiones importantes, porque si el éxito y la felicidad no se hermanan el primero nos será insuficiente y el segundo, inalcanzable.

Empezar. Eso es lo más difícil. Lo demás se encuentra en el camino.

Gratitudes

Nunca podría haber escrito este libro solo. Este libro es la suma de experiencias (de las buenas y las no tanto), de mi historia, de mis aciertos y fracasos, de las personas que marcaron de alguna manera mi vida, de mis logros, de mis sueños, en fin, de todo aquello que llevamos dentro y nos hace ser quien somos.

Mi gratitud principal con Dios. Mi Dios, tu Dios, o de lo que pienses que ha creado este mundo. Ese Dios que en los momentos difíciles, cuando me sentía sólo, con problemas que parecía que nunca iba a poder resolver, estuvo ahí. Lo sentí y me dio la fuerza que nunca pensé que tenía. Me dio la confianza que necesitaba en esos momentos cruciales para dar vuelta la página. Sólo hace falta que te acerques con fe y humildad. Él hará el resto.

Mi gratitud también hacia mis padres, quienes me dieron la vida y me inculcaron valores. Esos mismos valores que hoy vemos en extinción. Esos que hoy "no están de moda", esos que no te hacen "cool". Mi más firme reivindicación de valores como la verdad, la honestidad, la humildad, la justicia, la honradez, la cultura del trabajo, la generosidad con el otro, en fin, como se dice, "buena gente". Comparto muchos pensamientos de las nuevas generaciones, y entiendo que el mundo avanza y cambia constantemente, pero hay valores que nunca pasarán de moda. Gracias "viejos", porque sé que siempre dieron lo mejor de ustedes, todo lo que tenían, no se guardaron nada, y eso para mí hoy es lo más importante y lo que más valoro de ustedes. De jóvenes, somos muy críticos con nuestros padres, y yo lo fui. Hoy entiendo que cuando das todo, no hay nada que reprochar. Seguro lo entenderé mejor todavía en mi rol de padre.

Una mención especial para Flor, mi esposa, quien creyó en mí cuando yo no creía. Como le dije alguna vez, "mi fan número uno". Recuerdo por siempre que en esos momentos en que estaba enfermo y preocupado, cuando ya había perdido la confianza y la motivación, llegó a nuestra casa con el libro de Estanislao Barrach, Ágilmente, de regalo. Una excelente obra, muy recomendable. Pero lo que me marcó fue el separador que eligió, que decía "Sucederás, lo sé". Y me lo dio con una confianza, que llegó a lo más profundo de mi ser. Es más, creo que es la gran responsable de este libro. Porque creyó en mí, y en un simple gesto, me ayudó a creer en mí mismo. Y fue todo lo que necesitaba para salir a flote, para motivarme nuevamente, para creer que era posible. A veces, en esos momentos difíciles, sólo necesitamos que alguien confíe en nosotros para empezar a cambiar la historia. Flor, además de ser mi mejor complemento, tiene la distintiva cualidad de sacar lo mejor de mí. Y eso provoca que su compañía me ayude a seguir creciendo. Todos los días trato de devolverle algo de lo mucho que recibo de ella.

En medio de escribir este libro, nació Benjamín, mi primer hijo. No saben los miedos que tenía. Venía posponiendo mi paternidad año tras año, sin siquiera un mínimo análisis. El miedo se había apoderado de mí, y no me animaba a dar ese gran paso. Hasta que un día me hice cargo, y comencé terapia para intentar entender lo que me pasaba. Juro que empezar fue lo más difícil. Pero hoy puedo decir que es de las mejores decisiones que he tomado en mi vida. Pude sanar tantas cosas… Y entender tantas otras… Entonces al fin pude tomar la decisión de querer ser padre y Dios bendijo a nuestra familia. Así, llegó el día en que nació Benjamín, que por supuesto nunca olvidaré. Los miedos en realidad no se fueron, sino que definitivamente dejaron de ser lo más importante. Cuando me lo entregaron, no sabía ni cómo tenerlo. Lo miraba, lo miraba, sin poder creerlo. Hasta que abrió sus ojos (sus tremendos ojos de luna llena), conectamos nuestras miradas, y la emoción me inundó hasta las lágrimas. Llevaré conmigo ese momento hasta mis últimos días. Hoy Benjamín es la oportunidad de volver a conectarme con las cosas más simples, con los sentimientos más profundos, con la sorpresa del día a día, con el amor más grande. No es fácil, cambian muchas cosas, se aprende todos los días. Pero un hijo te regala momentos únicos, y despierta un amor imposible de imaginar antes. Este libro también es por y para él, porque en sus páginas hay muchos conceptos que le quisiera transmitir.

No puedo dejar de mencionar a mi abuelo "Poroto", quien ya no nos acompaña en este mundo. Tengo muchas cosas de él, que a medida que pasa el tiempo más me doy cuenta. Pero sobre todas las cosas, heredé de él la pasión por la escritura. El amor por las palabras. Cierro los ojos y recuerdo como recitaba sus poesías. Con tanta expresión, con tanto sentimiento. Sin dudas abuelo, una parte tuya está en este libro.

Un agradecimiento especial a Silvana Firpo, una excelente profesional que colaboró y me acompañó en el proceso del libro. Gracias por tu escucha, por tu predisposición, por tu aporte, por tu paciencia. Para un escritor nuevo, es sumamente importante encontrar personas con tu talento.

Mi gratitud también con todos aquellos que, de alguna u otra manera, me ayudaron a ser quien soy. A mis familiares, a mis amigos de siempre y a los nuevos, a mis compañeros de trabajo. A esas personas fugaces de la vida, que a veces en una charla te enseñan un montón de cosas y quizás ni te acuerdas su nombre. A los maestros que me enseñaron con su ejemplo, y a aquellas personas de las cuales aprendí con su contraejemplo. Porque no sólo se aprende del que tiene algo para copiar, también se aprende de lo que no hay que imitar.

Gracias a mis aciertos, pero sobre todo a mis errores. Porque aprendí de ellos, porque me hicieron más fuerte. Porque me obligaron a reflexionar, y a intentar de nuevo. Quiero, en este acto, reivindicar los errores, porque no tienen buena prensa. Vas a hacer y te vas a equivocar. Pero no tengas miedo, no tengas miedo de intentar de nuevo. Permítete equivocarte.

Mi enorme gratitud con la vida, que cada día nos da una página en blanco. Que cada día nos da la oportunidad de ser felices. Que cada día nos da la posibilidad de luchar por nuestros sueños. El resultado no es lo único que importa. Al final, tengo la sensación de que la paz vendrá de haberlo intentado todo, de haberlo dejado todo. Este libro trata de transmitir eso. Que te cuestiones si en verdad estás dejando todo. Y para qué estás haciendo todo ese esfuerzo.

El éxito es el resultado. La vida está en el camino, en disfrutar el proceso. La felicidad la vas a encontrar en las cosas simples, sino no la vas a encontrar nunca. El amor está en los afectos, así que te recomiendo cuidarlos y entregarte a ellos. Que el resultado no te impida vivir y disfrutar de la vida de una manera feliz y plena. Sólo depende de vos.

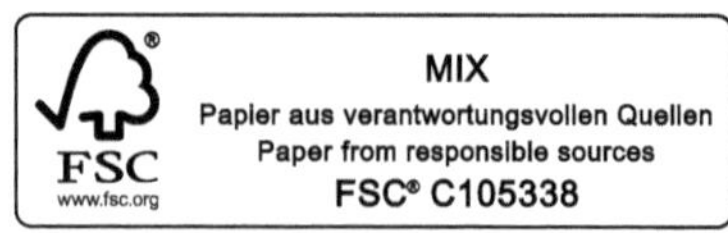

Printed by Books on Demand GmbH, Norderstedt / Germany